전략적 접근의 판매촉진 기획

전략적 접근의 판매촉진 기획

김화동 지음

한국학술정보

오늘날 경제성장과 더불어 기업의 마케팅 활동 중 가장 많이 발전한 것이 촉진활동이다. 촉진활동 중 광고 및 홍보와 인적판매가 지금까지 주도적인 역할을 해왔다. 하지만 광고 및 홍보와 인적판매의 효과는 시장이 포화상태에 이르고 소비자의 취향이 개성화와 다양화됨에 따라 점점 감소하는 추세를 보인다. 현재 시장 상황과 소비자의 변화에 따라 가장 주목받고 있는 촉진수단이 바로 판매촉진이다.

판매촉진은 일반적으로 소비자의 구매 행동 시점에서 직접 영향을 주어 기업이나 유통점의 즉각적인 판매증대에 도움이 되는 촉진 활동이다. 이와 관련하여 본서는 판매촉진의 의의, 판매촉진 활동의 증대 및 시장변화, 판매촉진의 효과 등에 대하여 자세히 설명하고 있다.

이와 함께 현재 시장에서는 기업들이 다양한 판매촉진 활동을 통해 상품을 판매하고 있는 상황에서 보다 효과적이고 효율적으로 판매촉진 활동을 기획하고 수행할 것인가에 대한 고민과 노력이 필요하다. 하지만 시중에 출판된 판매촉진과 관련된 서적들을 살펴보면 실무적으로 판매촉진의 기획에 도움이 되는 서적이 아직 미흡한 실정이다. 따라서 본서는 기업의 마케팅 현장에서 실제로 이용될 수 있는 판매촉진의 기획에 관한 내용을 담고자 하였다. 이와 관련하여 본서는 판매촉진의 기획과정을 제시하고 각 과정별로 요구되는 사항들에 대해 체계적으로 그 내용을 설명하고 있다.

 마지막으로 본서가 대학 및 연구기관과 기업에서 이론적·실무적으로 폭넓게 활용되어 부족하나마 판매촉진 분야에 좋은 지침서의 역할이 되기를 희망한다.

2021. 5월
김 화 동

:: 차례

부 록

Part 1

판매촉진 이해

1. 판매촉진의 의의
2. 판매촉진 활동의 증대
3. 판매촉진 활동과 시장변화
4. 판매촉진의 효과
5. 판매촉진의 종류 및 소비자 반응

▪▪▪Part | 판매촉진 이해

❶ 판매촉진의 의의

판매촉진의 개념

기업이 수행하는 촉진활동 수단, 즉 촉진믹스 요소[1])는 〈그림 1〉과 같이 구분되는데, 판매촉진(Sales Promotion)은 그중 하나의 활동요소라 할 수 있다.

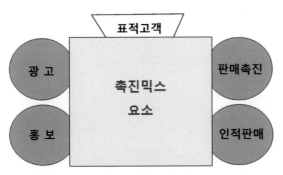

〈그림 1〉 촉진믹스 요소

---

1) 촉진활동은 상품 및 서비스에 대한 소비자의 구매를 유도하기 위해 수행하는 활동으로서 촉진믹스는 광고, 홍보, 판매촉진, 인적판매 등 4가지 요소로 구성되어 있다(정어지루·김화동 외(2009), 『신마케팅』, 목원대학교 출판부).

판매촉진의 개념은 최근에 이르기까지 여러 마케팅 학자들이 다음과 같이 정의하고 있다. 우선 Webster(1971)는 소비자 대상의 판매촉진, 중간상 대상의 판매촉진, 디스플레이 등과 같은 판매촉진 활동이 소비자의 구매 행동을 유발하기 위하여 단기간에 행해지는 것으로 정의하였다. Schultz & Robinson(1982)은 판매촉진을 즉각적인 판매를 일으킬 목적으로 판매원, 유통업자, 소비자들에게 인센티브를 주거나 직접적인 유도를 꾀하는 활동이라고 하였다.

이와 함께 Kotler(1988)는 판매촉진을 상품이나 서비스의 사용이나 시용(trial)을 증대시키기 위한 단기간 내에 집중적으로 수행하는 활동이라 하였고, Blattberg & Neslin(1990)은 판매촉진을 행동유발에 초점이 맞추어진 마케팅 이벤트로서 소비자의 행동에 직접적인 영향을 끼칠 목적으로 수행되는 활동이라고 하였다.

이상의 여러 학자들의 내용을 바탕으로 판매촉진의 개념을 종합해 보면, 판매촉진이란 특정한 제품이나 서비스를 소비자들 또는 유통업자들에게 보다 빨리, 보다 많이 구매하도록 자극하기 위해 단기간에 집중적으로 행해지는 촉진수단이라 하겠다.

판매촉진의 특성

위의 정의들을 바탕으로 다른 촉진수단들과 달리 판매촉진이 가지고 있는 차별적인 특성을 살펴보면 다음과 같다.

① 단기간에 수행된다.

다른 촉진수단과 달리 판매촉진은 단기간에 이루어진다. 소매점 내에서 시간 단위로 수행되기도 하고, 쿠폰의 경우에도 명시된 혜택 기간이 한 주 정도로 짧은 것이 보통이다. 물론 경품 콘테스트나 특정 이벤트의 경우에는 기간이 한두 달 소요되기도 하지만 광고나 홍보와 같은 촉진수단들과 비교하면 판매촉진 활동은 훨씬 단기간에 수행된다.

② 소비자의 특정 행동을 유발하는 데 중점을 두고 있다.

판매촉진은 속성상으로 볼 때 소비자가 어떤 행동을 수행할 수밖에 없도록 되어 있다. 예로 쿠폰의 경우 소비자가 쿠폰을 사용하기 위해서는 쿠폰을 '오려두고, 잘 보관하여, 구매 시 제시하는' 세 가지 행동이 요구된다. 콘테스트나 경품응모의 경우에는 소비자가 콘테스트에 나갈 '준비'를 해야 하며 경품 추천 조건에 맞추어 '참여'하는 행동을 하여야 한다. 환불을 해주는 리펀드의 경우에도 소비자는 우편으로 '반송'해 주거나 환불에 따른 '절차에 따라야' 한다. 이처럼 판매촉진은 다른 촉진수단들과 달리 소비자의 특정 행동을 유발하는 데 초점을 맞추어 수행된다.

③ 소비자의 구매 행동에 직접적인 영향을 미친다.

판매촉진이 소비자의 구매 행동에 직접 영향을 준다는 점은 다른 촉진수단들과 비교하여 두드러진 점이라 할 수 있다. 지금까지 많은 소비자 행동이론에서 소비자가 구매행위에 이르기 전까지는 이해, 태도, 선호, 구매의사 등 인지적 과정이 있다고 설명하고 있다. 이에 따라 광고나 홍보는 소비자의 구매 행동에 직접 영향을 끼치기는 하지만 그보다는 구매행위 전 인지적 단계에 영향을 주어 구매 행동으로 이어지게 하는 촉진 수단이라 할 수 있다. 그러나 판매촉진은 그런 중간 과정을 통해서가 아니라 소비자의 최종적인 구매행위인 구매 행동에 직접 영향을 미친다.

④ 활동의 효과 및 성과에 대한 측정이 분명하다.

현재 컴퓨터기술의 발달로 상품 포장에 기록된 바코드 시스템에 의해 판매정보를 신속하게 파악할 수 있기 때문에 특정 판매촉진 활동이 효과적이었는지 쉽게 파악할 수 있다. 이와 함께 과거 수행한 판매촉진 활동들도 그 효과 정도를 손쉽게 구분하여 파악할 수도 있다.

광고나 홍보의 경우에는 어떤 메시지가 효과적이었는지를 파악하기가 쉽지 않다. 예로 마케팅 PR의 활동결과로 상품에 대한 기사가 언론 매체에 나갔다면 그것이 판매에 영향을 미쳤다고 말할 수 있겠지만 정확히 어떤 구매에 영향을 미쳤는지를 파악하기는 어렵다. 물론 소비자 조사나 광고 카피 조사 등을 통하여 파악할 수 있으나, 이 또한 어떤 자극에 어떻게 얼마만큼 반응하였는지를 파악하기는 힘들다.

그러나 판매촉진은 판매촉진 활동에 따라 상품이나 쿠폰 등에 고유의 바코드를 부여함으로써 어느 기간에 수행한 어떤 판매촉진이 효과적이었는지를 구별하여 빠르게 분석할 수 있기 때문에 결국 어떤 판매촉진 활동이 얼마나 효과적이었는지, 다른 판매촉진 활동과 어떤 차이가 있는지를 분명히 알 수 있게 해 준다.

⑤ 판매촉진 수행 및 피드백 과정이 역동적이다.

광고 및 홍보는 매체에 의해 소비자에게 노출되고 설득되어 구매에 이르게 하기까지는 비교적 많은 시간이 걸리고, 그 효과도 최소한 4주 정도의 노출 기간이 지나야 분석이 가능하다. 하지만 판매촉진은 단기간에 수행될 뿐만 아니라 수행 효과도 상품에 부여된 고유한 바코드를 구매 시점에서 읽고 분석하면 즉시 파악할 수 있다. 그리고 판매촉진은 수행활동의 간격을 짧게 하거나 다음번 판매촉진에 보다 효과적인 것만을 반영하도록 하는 피드백도 수월하여 다른 판촉수단에 비해 그 수행 과정이 훨씬 더 역동적이라 할 수 있다.

⑥ 판매촉진 대상이 다양하다.

특정 상품의 기업이 소비자를 대상으로 판매촉진을 할 수도 있고, 유통 과정상에서 중간상인 도소매상을 대상으로 판매촉진을 할 수도 있다. 뿐만 아니라 소매상이 소매점의 고객들을 대상으로 판매촉진을 할 수 있다. 또한 기업이 자사의 영업사원들을 대상으로 판매촉진을 할 수도 있다. 이처럼 판매촉진은 그 대상을 다양하게 할 수 있다는 것이 다른 촉진수단들과 다른 특징이라 할 수 있다.

⑦ 통합적 마케팅 커뮤니케이션(IMC)에 적합하다.

IMC(Integrated Marketing Communication)는 하나의 판매 메시지에 따라 광고, 홍보, 판매촉진, 다이렉트 마케팅, 이벤트 마케팅 등을 통합하여 단일 메시지를 전달함으로써 소비자에 대한 침투력을 보다 높이고자 하는 활동 개념이다. 이는 어떤 단계의 IMC 활동을 하든지 활동에 이용되는 수단들과 통합하여 한 목소리를 낸다는 것이 IMC의 근간이 된다는 것이다.

판매촉진이 광고나 홍보와 함께 통합하지 않고 독자적으로 전개할 수 있는 활동은 POP와 소매점 내 디스플레이뿐이고 대부분의 판매촉진 활동은 광고나 홍보와 통합되지 않으면 효과가 반감되는 속성이 있기 때문에 판매촉진을 기획하다 보면 자연스럽게 IMC 접근방법이 되는 경우가 많다. IMC 접근방법의 효과는 〈그림 2〉에서 보는 바와 같이 광고와 판매촉진을 따로 수행하는 것보다는 IMC 차원에서 판매촉진과 광고를 함께할 때 시너지 효과로 인해 그 효과가 더 크다는 것을 보여주고 있다.

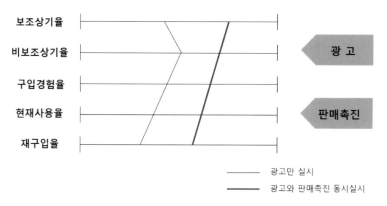

〈그림 2〉 광고 및 판매촉진의 IMC 효과

(자료: 김희진(2004), 『세일즈 프로모션』, 커뮤니케이션북스, p13 참조)

☞ 〈보너스 TIP〉 IMC 관점의 판매촉진

통합적 마케팅 커뮤니케이션(IMC: Integrated Marketing Communic-ation)이란 여러 촉진수단들을 하나의 판매제안을 달성하기 위하여 서로 연관성을 갖고 보완하여 수행하는 것을 의미한다. 이는 촉진수단들이 일관성 있는 전략을 수행함으로써 시너지의 상승효과를 얻을 수 있는 장점이 있다. IMC를 하기 위해 이용되는 촉진수단들 중에서 판매촉진은 특성적 측면에서 볼 때 다른 수단들과 자연스럽게 통합되는 속성을 갖고 있다. 다시 말해서 판매촉진을 효과적으로 전개하기 위해서는 광고나 홍보 등과 같은 촉진수단들을 이용하여야 한다는 것이다. 광고나 홍보 등과 같은 촉진수단과 함께 통합적으로 하지 않고 독자적으로 전개할 수 있는 판매촉진 형태는 'POP'나 소매점 내의 '디스플레이' 뿐이라 할 수 있다.

반대로 광고나 홍보와 같은 촉진수단은 독자적으로 수행되는 경우도 많은데, 이러한 경우에도 판매촉진이 보완하는 역할을 수행하면 그 효과가 배가될 수 있다. 즉 광고나 홍보에서 소구하는 판매제안이 판매촉진 활동을 통해 소비자들이 그 판매제안을 체감할 때 구매 의도에 더 큰 영향을 미칠 수 있다는 것이다.

이처럼 판매촉진이 주도적인 역할로 이용하든 아니면 다른 촉진수단의 보완적인 역할로 이용하든 간에 다른 촉진수단들에 비해 IMC 측면에서 가장 적합한 수단이라 할 수 있다.

하지만 판매촉진이 다른 촉진수단들과 비교해 차별적 특징을 갖고 있을 뿐만 아니라 다음과 같은 문제점도 갖고 있다.

① 판매촉진은 장기간 지속되는 경우 상품의 이미지를 손상하게 된다. 판매촉진 상품은 일반적으로 인기가 없는 품목이거나 재고 상품으로서의 소비자 인식이 강하여 만약 판매촉진 활동을 장기간 지속하게 되면 싸구려 상품이라

는 좋지 못한 이미지를 얻을 수 있다.

② 판매촉진은 너무 자주 반복되면 판매촉진을 기대하는 소
비자의 심리가 발생할 수 있다. 판매촉진에 대한 과도한
소비자의 기대심리는 정상적인 상황에서의 상품판매를 어
렵게 하는 결과를 초래할 수 있다.

③ 일반적으로 판매촉진 활동만으로는 고객의 재구매를 유발
하는 상표 충성도를 확립하기가 어렵다. 통신사나 정유사
멤버십 카드, 항공사 마일리지 등과 같은 판매촉진 방법
의 경우에는 상표 충성도를 높이는 수단으로 이용되기는
하지만 대부분의 판매촉진 방법들은 상표 충성도를 높이
는 수단으로 이용하기 어렵다. 따라서 판매촉진은 되도록
단기적이고 비 반복적으로 이용되어야 한다. 이러한 이유
로 명품브랜드들이 특별한 경우 이외에는 판매촉진, 특히
가격할인 형태의 판매촉진 활동을 되도록 하지 않는다는
사실을 주목할 필요가 있다.

④ 판매촉진은 대체로 비 반복적으로 수행되기 때문에 판매
촉진을 수행하는 데 소요되는 시간 및 비용은 1회 사용
으로 제한된다. 이로 인해 연속성을 가지고 일관되게 판
매촉진을 기획하고 수행하는 데 어려움이 있다.

| 판매촉진의 필요성 | 기업들 간 경쟁이 심화하고 있는 시장 상황에서 기업들은 타깃 고객이나 불특정 다수 소비자들을 확보하기 위해 다각적인 아이디어를 동원해서 판매촉진 활동을 펼치고 있다. |

과거 매스마케팅 시대처럼 기업이 자신들 위주로 메시지를 만들고 전달해 상품을 쉽게 판매하는 시기는 지나갔다. 이제는 다양하고 개별화되는 소비자들의 니즈(needs)를 고려한 표적 마케팅 활동을 해야만 하는 시장에서 살아남을 수 있는 시대가 되었다. 타깃 고객이나 불특정 다수 소비자들이 알아서 오기를 기다리기보다는 기업들이 소비자 니즈를 바탕으로 상품이 판매되는 유통점에서 먼저 기다리고 소비자를 유인하여 매출에 힘쓰는 노력을 해야 한다.

다시 말해서 보다 적극적이고 능동적인 촉진활동이 점점 더 크게 요구되는 시장 상황에 따라 기업의 판매촉진 활동은 그 필요성이 커지고 있다. 판매촉진 활동은 상품을 생산하고 판매하는 기업뿐만 아니라 상품을 판매하는 유통점들에서 다양하게 이용되고 있다. 예로 피자 프랜차이즈 상점에서는 과거처럼 찾아오는 소비자를 응대하는 것이 아니라 이메일이나 SNS를 통해 할인권을 보내기도 하고 피자를 주문하면 콜라를 무료로 주기도 하며 피자를 다섯 번 주문하면 다른 메뉴를 더 주는 등의 판매촉진 활동을 통해 매출증대에 힘쓰고 있다. 이처럼 현재 판매촉진은 소비자의 일상적인 구매 활동에서부터 전형적인 구매 활동까지 모든 영역에서 필수적인 촉진활동 수단으로 이용되고 있다.

❷ 판매촉진 활동의 증대

판매촉진의
증대 배경 | 종래에는 기업의 촉진활동을 구성하는 요소로는 광고와 홍보, 인적판매가 중심이었지만 최근 들어서는 판매촉진이 주목받기 시작하고 있다.

이는 예전과 같이 높은 경제성장을 기대할 수 없는 시장 환경으로 인해 광고, 홍보, 인적판매보다는 판매촉진이 더 효과적이라는 것을 기업들이 인식하고 있는 것에 기인하고 있다.

시장 환경이 어려운 상황에서는 기업은 단기간에 매출액을 증가시켜야 하는 중압감을 느끼기 때문에 자연스럽게 단기적이고 직접적인 매출증대 수단으로서 판매촉진을 활용하게 된다. 판매촉진은 기업의 관점에서 볼 때 매장을 방문한 고객이 구매와 직접 연결될 수 있도록 함으로써 판매 노력을 완결시켜주는 역할을 한다. 특히 구매 시점에서 직접 소비 행동에 관여하여 충동적이고 단기적인 효과를 창출할 수 있기 때문에 개별시장 및 목표 소비자에 맞추어 적절히 대응할 수 있어 매출을 극대화할 수 있다.

과거 판매촉진 활동은 주로 세일즈맨의 업무를 원활하게 지원하며 광고효과를 높이려는 보조수단으로서의 기능을 주로 수행하였다. 판매촉진이 독자적으로 효과를 발휘하여 매출을 높이거나 신규고객을 획득하는 것이 아니라 단순히 다른 촉진수단들의 부족한 기능을 일부 메워주는 부수적인 수단이었다. 또한 그 당시에는 판매촉진 방법이 샘플링, 가격할인, 쿠폰, 콘테스트 등으로 종류가 한정되었고 오늘날같이 다양한 방법들이 개발되어 있지 않았다.

기업의 판매촉진 활용이 증대하게 된 계기는 시장 상황의 변화와 함께 POS 시스템(Point of Sales System)[2]의 발전에서 찾을 수 있다. POS 시스템은 판매 시점에서 분석한 정확하고 풍부한 소비자 관련 데이터베이스를 기업에 제공할 수 있어 매장에서의 소비자 행동에 관한 연구를 촉진하여 판매촉진의 효과를 향상해주는 기반으로 작용하였다. 이를 바탕으로 최근 들어서는 TV, 라디오, 신문, 잡지 등 4대 매체를 이용한 광고 이상으로 판매촉진 이용이 빠르게 증가함에 따라 각 비즈니스 분야에 걸쳐 주목을 받게 되었다. 이는 기업의 전체 촉진활동 중 판매촉진이 차지하는 비중이 상대적으로 증가하여 기업들이 다양하게 판매촉진 활동을 수행하고 있다는 것을 의미한다.

☞ 〈보너스 TIP〉 상품 바코드(bar code)와 판매촉진

판매촉진 활동에는 많은 기술이 활용되고 있는데, 가장 대표적인 것이 상품의 바코드와 스캐너 기술이다. 바코드란 상품마다 고유한 숫자와 세로줄 무늬를 상품 포장에 인쇄한 것을 말한다. 바코드에는 상품에 대한 상표명과 가격과 같은 정보를 담고 있어 계산대에서 스캐너로 바코드를 읽을 때 해당 제품의 상표와 가격 등이 자동으로 기록된다.

바코드는 전 세계적으로 통용되는 것으로 Universal Product Code 라고 불리는데, 일반적으로 하나의 상품은 13개 자릿수로 표기되는 바코드를 가지게 되어 첫 3자리는 '국가'를 표시하고, 그다음 4자리는 '제조

---

2) POS 시스템은 판매 시점에서의 정보관리시스템으로 바코드 등을 이용해서 컴퓨터에 입력함으로써 상품의 가격 및 판매 수량 등을 수집하여 그 정보를 상품의 재고관리와 발주에 활용하는 시스템을 말한다(김희진(2004), 『세일즈 프로모션』, 커뮤니케이션북스).

회사', 그다음 5자리는 제품의 '고유번호'를 의미한다. 예로 캔커피에 표시되어 있는 '8801037002157'이라는 바코드는 한국(880)의 동서식품(1037)이 생산한 맥스웰하우스 커피(00215)로 액상 커피 오리지널(7)이라는 뜻이다.

이에 따라 제조회사에서 상품을 출하할 때 바코드를 읽어 상품이 팔리는 것을 종류별 또는 규격별로 알 수 있고, 판매촉진의 경우에는 바코드의 마지막 숫자를 판매촉진 방법별로 달리함으로써 판매촉진 기간에 팔린 상품을 구별해 내고 있다. 소매점에서는 판매촉진 기간이나 종류별로 자신들만의 고유번호를 붙여 판매촉진에 반응하는 상품을 구별해 내기도 한다. 이렇게 바코드를 이용하여 얻어진 데이터를 스토어 스캐닝 데이터(Store Scanning Data)라고 하는데, 현재 대부분의 기업들이 이러한 데이터를 컴퓨터에 기록하고 분석하여 마케팅 활동에 반영하고 있어 판매촉진을 기획하고 수행하는 데도 그 중요성이 더해지고 있다.

판매촉진의 증대 원인 | 기업이 수행하는 촉진활동 중에서 판매촉진이 최근 급속하게 증대하고 있는 이유는 다음과 같다.

① 판매촉진이 판매 활성화를 위한 중요한 수단으로 인식되기 시작하였다. 종래의 판매촉진은 주로 프로모션의 전술적인 수단으로 이용되어 기업의 전략적 마케팅 수단으로 인식되지 않았다. 그러나 기업의 판매촉진 역할에 대한 기대가 커지면서 점차 기업 경영자의 사고가 바뀌어 마케팅 활동의 전체적인 시각에서 판매촉진의 효과성을 재인식하게 되었다.

② 판매촉진을 정확히 활용할 수 있는 전문가 및 마케팅 담당자가 늘어나고 있다. 어떠한 시장 상황에서 판매촉진이 효과를 발휘하는지, 판매촉진의 전개가 가능한 경우와 불

가능한 경우는 어떠한 상황인지, 판매촉진 방법의 장단점과 적절한 이용 시기 등 시장 상황에 따라 판매촉진을 적절히 이용하기 위한 기본적인 지식을 지닌 전문가들이 최근 어려워진 시장 환경의 변화 속에서 중요한 역할을 수행하게 되었다.

③ 기업들이 간접적, 장기적 촉진활동 효과보다는 단기적 촉진활동 효과를 필요로 하고 있다. 치열한 경쟁 시장에서는 기업들에 강력한 촉진활동을 통해 자사 상품을 구매하도록 하는 브랜드 전환(brand switching) 전략이 중요한 목표가 된다. 상품구매과정에서 소비자에게 강력한 인상을 심어주기 위해서는 단기적이며 집중적인 촉진활동이 필요한데, 판매촉진은 이러한 시장 환경에 대응하기 위한 유용한 수단으로서 활용되고 있다.

④ 경쟁브랜드 수의 증가로 저비용 촉진수단을 필요로 하고 있다. 성숙기 시장에서 일반적으로 수행되는 시장세분화 전략에 의해 경쟁브랜드의 수가 증가하고 있지만 그것을 수용하는 시장은 점점 한정되고 있다. 하지만 기업은 여러 브랜드에 마케팅 비용을 분산해야 하므로 한 브랜드에 대한 투입예산이 감소하는 상황에서 상대적으로 비용 측면에서 경제적인 판매촉진을 많이 활용하고 있다.

⑤ 시장경쟁력을 높이기 위해 기업이 판매촉진의 비중을 증대시키고 있다. 적절하게 수행되는 판매촉진 활동은 기업

에 강력한 판매증대 효과를 기대할 수 있게 해준다. 따라서 기업은 시장에서의 경쟁우위를 향상하기 위하여 단기적으로 효과적인 판매촉진을 보다 많이 실시함으로써 판매촉진 활동의 비중을 높이는 결과를 낳고 있다.

⑥ 소비자들이 가격할인이나 경품 등 판매촉진 활동에 민감하게 반응하고 있다. 현대 사회에서 사람들의 물질적 욕구는 급속히 증가하고 있으나 이러한 물질적 욕구를 뒷받침해 줄 경제적 능력은 한정되어 있기 때문에 사람들은 선별적인 지출을 하게 된다. 이에 따라 대부분의 소비자들은 상품을 구매할 때 경제성을 우선함으로써 구매조건에 민감하게 반응하여 기업이 수행하는 가격할인이나 경품제공과 같은 판매촉진 활동에 많은 영향을 받고 있다.

⑦ 유통업계가 판매촉진에 의한 판매지원을 요구하고 있다. 유통업계는 매장에서의 판매를 강화하기 위해서 즉효성 있는 촉진활동을 기업들에 요구하고 있다. 현재 기업들은 여러 유통채널을 통해 상품을 판매하는 상황에서 이러한 유통업자들로부터의 강력한 요구가 판매촉진을 증가시키는 커다란 요인으로 작용하고 있다.

⑧ 매스미디어의 광고효과가 상대적으로 저하하고 있다. 과거와 같이 광고에 의한 높은 인지도가 구매를 보증해 주던 시대는 지났고 광고비용도 꾸준히 증가하고 있는 상황이며 한편으로는 목표 소비자 시장이 점점 세분되고 있어

예전의 매스미디어를 이용한 높은 광고효과를 기대할 수 없게 되었다. 이에 따라 판매촉진이 과거 광고를 상호 보완하는 기능에서 출발하였으나 현재는 광고효과의 상대적 감소로 인한 대체적인 역할로 확대되고 있는 추세이다.

❸ 판매촉진 활동과 시장변화

소비자의 특성 변화

기업이 촉진수단 중 판매촉진을 과거에 비해 많이 활용하게 하는 소비자의 사회적, 문화적, 경제적, 심리적 측면의 변화를 살펴보면 다음과 같다.

첫째, 여성의 사회진출이 증가하고 있다. 사회 구성원의 기본단위인 가족이 대가족에서 핵가족으로 변화함에 따라 점차 직장을 갖는 여성 인구가 증가하고 있다. 취업 여성들은 가사에 대한 시간 압박으로 상품구매를 위한 시간적 여유가 없어져 시간 절약형 구매 활동의 경향이 더 커지고 있다.

둘째, 소비 공간에 대한 개념이 변화하였다. 과거에는 거의 모든 생활용품을 집 근처의 상점이나 재래시장에서 주로 구매하였다. 하지만 교통수단의 발달, 소득수준의 향상, 쇼핑의 의미변화 등으로 소비자들은 상품 구매장소까지의 거리는 더 이상 구매 장해요인으로 작용하지 않고 있다. 이에 따라 소비자들은 전근대적 유통업체인 재래시장과 동네 슈퍼를 멀리하고 백화점, 할인점, 편의점 등의 현대적 시스템을 갖춘 유통업체를 선호하게 되었다. 이와 함께 인터넷 홈쇼핑, TV 홈쇼핑이 발전하면서 온라인을 통한 구매가 급증하고 있는 상황이다.

셋째, 소비 주도층이 변화하고 있다. 과거에는 가정과 직장에서 안정된 30~40대가 소비 주도층이었으나 최근 들어서는 신세대와 노인층이 새로운 소비 주도층으로 부상하고 있다. 이 두 세대는 풍요와 빈곤의 시대를 대표하는 소비 계층으로서 다른 소비층에 비해 구매성향이 확연히 다른 특성을 보인다.

넷째, 합리적인 소비자들이 확대되고 있다. 정보기술과 각종 미디어의 발달로 소비자가 상품에 대한 정보를 접할 기회가 많아짐으로 해서 상품 구매행위가 과거에 비해 훨씬 더 현명해졌다. 다시 말해서 소비자들은 과거에 비해 고급화, 다양화된 상품을 요구하면서도 합리적인 알뜰 구매의 성향을 보여 가격 할인점이나 백화점의 바겐세일 등을 통해 구매하는 경우가 많아졌다는 것이다.

다섯째, 소비의 개념이 변화하였다. 소비자들은 소비를 단지 양질의 상품만을 구매하는 것이 아니라 그 이상의 의미를 추구하고 있다. 다시 말해서 소비가 생활의 일부로서 필요한 상품을 구매하는 행위일 뿐만 아니라 생활의 스트레스를 해소하는 수단 혹은 쇼핑의 즐거움을 충족시켜주는 수단으로 그 개념을 확대하여 인식하고 있다. 이에 따라 유통점의 현대화와 매장 건물의 복합화로 발전하고 있다.

이상의 소비자 변화는 기업에 소비자에 대한 새로운 전략적 접근방법을 요구하고 있는 상황으로 기업이 소비자들을 직접 찾아가거나 참여하게 하여 유대를 강화하여야 한다는 점에서 과거와 같이 상품의 인지도를 높이는 촉진활동보다는 소비자에게 실질적인 혜택을 직접 제공하는 판매촉진 활동이 더욱 필요하다고 할 수 있다.

소비자의 구매패턴 변화	판매촉진이 많이 활용되고 있는 것은 소비자의 특성 변화와 더불어 구매패턴이 변화한 결과라고도 할 수 있다.

이에 따라 판매촉진의 활용 비중이 증대한 것을 다음과 같은 관점에서 살펴볼 필요가 있다.

① 낮은 관여도 속에서 구매 행동에 대한 인식의 변화

기존의 마케팅 이론에서는 소비자가 구매 행동을 할 때 여러 가지 구매의사 결정유형에 따라 구매가 이루어지는 것으로 가정하고 있다. 이에 따르면 소비자는 구매 결정하기 전에 브랜드에 대한 다양한 정보를 적극적으로 탐색하여 인지적 행동을 형성한 뒤 브랜드를 평가하는 태도를 형성하여 구매 의사를 결정한다. 이러한 구매의사 결정과정은 보통 높은 관여도에서 일어나는 행동과정을 기본으로 하는 전형적인 구매 행동의 패턴이다. 일반적으로 관여도가 높은 고가의 승용차, 가전제품 등의 구매 행동은 상당히 복잡한 의사결정 과정을 거치게 된다. 다시 말해서 소비자들이 매장을 방문하기 전에 이미 '어떤 제품을 구매할 것인가'를 거의 결정하기 때문에 기업은 촉진활동 전략상 매장에서의 구매촉진 활동보다는 대중광고 등의 촉진활동을 주로 활용하게 된다는 것이다.

그러나 평상시의 소비자 구매 행동은 앞에서 얘기한 복잡한 구매의사 결정과정을 거치지 않는다. 수동적 학습이론에 따르면 높은 관여도뿐만 아니라 낮은 관여도 상황에서의 소비자 구매 행동은 브랜드에 대한 인지적 행동이 형성된 후에 평가 단계를 거치지 않고 직접 구매의사를 결정한다고 하였다. 이에 따르면 광고는 자사 브랜드를 인지 및 기억시킬 수는 있으나 명확한 태도 형성이나 태도 변화까지 유도할 수 없고, 대부분의 소비자는 점포를 방문하여 구매할 상품 및 브랜드를 결정한다는 것이다. 결과적으로 단기간에 걸쳐 자사 브랜드를 효율적이고 경제적으로 소비자에게 구매하도록 자극하기 위해서는 최종적인 소비자의 구매 결정에 직접 영향을 주는 판매촉진이 핵심적인 촉진수단으로 적합하다는 것이다.

② 소비자 충동구매에 대한 인식의 변화

최근의 통계자료에 따르면 소비자의 구매 행동에서 비계획적인 충동구매가 차지하는 비율이 높게 나타나고 있다. 특히 관여도가 낮은 상품의 경우에는 충동구매가 더 높은 비율을 보인다. 이러한 충동구매를 하는 소비자의 수가 쇼핑과 대량구매의 특징을 보이는 백화점과 할인점 유통이 일상화하면서 더 많아지는 추세에 있다.

☞ 〈보너스 TIP〉 소비자의 구매의사 결정유형

소비자의 구매의사 결정유형은 소비자가 상품을 구매할 때 구매의사 결정과정에서의 형태에 따라 3가지로 구분하고 있다.

① 일상적인 의사결정(Routine Decision Making) 유형

일상적인 의사결정은 특정한 문제를 해결하기 위해 의사결정이 이루어지지 않기 때문에 습관적인 의사결정이라고도 한다. 일상적인 의사결정은 일반적으로 구매빈도가 높은 저가의 저관여 상품 즉 치약, 세제, 라면, 음료수 등과 같은 상품의 구매의사 결정이 이루어질 때 행해진다. 이 경우에 소비자들은 구매 전 정보탐색과 평가에 거의 시간을 할애하지 않고 신속하게 구매 결정을 한다.

② 제한적인 의사결정(Limited Decision Making) 유형

제한적인 의사결정은 소비자가 이전에 상품을 구매해 본 경험이 없거나 이용 가능한 현재 브랜드와 친숙하지 않을 때 이루어진다. 예컨대 어떤 상품을 새로 구매해야 하는 경우이거나 평소 애용하던 브랜드가 상점 진열대에 없고 다른 브랜드가 있어 그 브랜드를 선택할 경우에 발생한다. 제한적인 의사결정은 일상적인 의사결정 유형보다는 관여수준이 높지만 주로 저관여 상품의 구매의사 결정에서 행해진다고 할 수 있다.

③ 포괄적인 의사결정(Extended Decision Making) 유형

포괄적인 의사결정은 자동차, 노트북, 스마트폰 등과 같은 고가의 고관여 상품일 때, 친숙하지 않고 자주 구매하는 상품이 아닐 때 이루어진다. 이런 상품을 구매할 때 소비자는 더 많은 시간과 노력을 투입하여 신중한 의사결정을 하게 된다.

여기서 주의할 것은 구매의사 결정유형이 항상 지속적이고 고정적인 것이 아니라 동일한 상품일지라도 소비자가 처한 상황에 따라 달라질 수 있다는 점이다.

소비자의 충동구매가 증대하는 상황에서 광고나 홍보와 같은 매장 밖의 촉진활동으로는 자사 상품을 구매하도록 유도하는 데 한계가 있기 때문에 기업은 판매촉진을 소비자의 충동구매를 촉진하는 수단으로 이용하고 있다.

③ 브랜드 수 증가에 따른 소비자 선택에 대한 인식의 변화

시장성장이 점차 둔화하고 있는 상황에서 기업의 공급과잉에 따른 상대적인 수요 감소와는 반대로 기업이 시장에 투입하는 브랜드 수는 해마다 증가하고 있는 추세이다. 브랜드 수가 많아지면서 브랜드들 간 상품 질의 차이는 줄어들고 있다. 이러한 시장 환경에서 소비자의 선택이 점점 더 중요하게 되었는데, 소비자의 선택은 구매 결정의 사전 인지 및 호감도에 의해 결정되기보다는 구매 시점에서 이루어지는 경향이 커지고 있다. 이와 함께 대부분 기업들은 보유하는 브랜드 수가 증가하면서 보유하고 있는 모든 브랜드에 대해 비용이 많이 드는 광고를 충분히 노출할 여력이 부족한 실정이다. 이에 따라 기업들은 비용이 상대적으로 적게 드는 판매촉진을 적절히 활용하여 소비자의 구매 시점에 직접 영향을 미치고자 하고 있다.

불황기의 판매촉진 성공 요인	최근 세계 경제의 저성장에 따라 시장이 불황기 상황을 맞이하고 있다. 이에 따라 국내의 경우에도 대부분 기업들이 판매 부진을 겪고 있다.

불황기가 되면 판매 부진과 여유자금의 부족에 처한 기업들이 광고예산을 줄이고 대신에 즉각적인 판매를 유도할 수 있는 판매촉진의 활동을 강화하는 것이 일반적인 양상이다. 따라서 불황기의 판매촉진 전략에 대한 올바른 해답을 얻기 위해서는 무엇보다 불황의 의미와 그 특징적 현상에 대해 이해와 함께 판매촉진에 대한 발상의 전환이 요구된다. 지금까지 국내 기업들이 판매촉진을 활용하는 상황을 보면 대부분의 기업들이 판매촉진의 전략적 활용 가능성을 충분히 살리지 못하고 판매 부진에 대한 대응하는 수단으로 활용하고 있다. 즉 단기적인 매출증대의 수단으로만 집착한 결과 브랜드의 가치가 하락하여 장기적으로 수익성이 약화되는 역효과가 발생하고 있다.

이에 따라 불황기에 기업이 판매촉진 활동을 전개함에 있어 요구되는 성공 포인트를 요약해 보면 다음과 같다.

첫째, 판매촉진을 전개하고자 하는 상황에 대한 철저한 인식 및 이해에서부터 출발해야 한다. 갑작스러운 아이디어나 재미라든가, 단기적인 매출증대 목적에서 집착한 근시안적인 접근이 되어서는 안 된다. 판매촉진은 그 자체가 목적이 아니고 목표를 달성하기 위한 수단이기 때문에 철저한 상황인식 하에서 명확한 목표를 설정하고 그에 따른 전개전략이 필요하다.

둘째, 다른 마케팅요인 및 촉진수단과의 긴밀한 협조 속에서 시너지 효과를 얻을 수 있어야 한다. 판매촉진은 전개방법에 따라 예외는 있지만 보통은 소비자의 최종 구매 시점에서 전개되는 촉진수단이기 때문에 그 효과를 배가시키기 위해서는 통합적 마케팅 커뮤니케이션 전략 차원에서 다른 수단들과 함께 전개되어야 한다.

셋째, 판매촉진 전개의 공격대상 경쟁상품을 명확히 하여야한다. 시장의 성숙기에 따른 불황기에서는 소비자의 브랜드 전환유도에 따른 판매증대가 중요하다. 따라서 공격대상 경쟁상품을 명확하게 정해서 경쟁 대항력을 높이는 데 전략과 활동을 집중하여야 한다.

넷째, 고객 만들기에 판매촉진의 최종목표를 두어야 한다. 불황기의 시장에서는 상품 판매가 한정적인 상황에서 판매를 유통에만 맡기는 것은 판매를 보증받을 수 없다. 유통점에 상품이 진열되어 있다고 해서 판매가 이루어지지 않기 때문이다. 따라서 기업이 직접 소비자들을 찾아 구매를 유도하는 고객 만들기를 위한 판매촉진이 필요하다. 이는 유통점을 대상으로 하는 유통 판매촉진은 지원전략으로 활용하고 소비자 대상의 소비자 판매촉진을 보다 적극적으로 전개해야 한다는 것을 의미한다.

다섯째, 판매촉진의 전개방법에 대한 지속적인 탐색과 연구가 있어야 한다. 현재 기업이 활용하고 있는 판매촉진방법은 여러 가지 있으며, 최근 불황기를 맞아 새로운 방법들도 만들어져 활용되고 있다. 판매촉진은 소비자에 대한 자극이기 때문에 그 자극이 차별화되고 효과적이지 않으면 소비자들로부터 외면을 당하게 된다. 따라서 시장 상황과 기업 및 상품의 특성에 맞는 차별적이고 효과적인 방법에 대한 계속된 연구가 필요하다.

❹ 판매촉진의 효과

판매촉진의 기대효과

기업이 판매촉진을 올바르게 활용하기 위해서는 일반적으로 기업이 판매촉진을 통하여 기대할 수 있는 효과와 기대하기 어려운 효과를 구분할 필요가 있다.

우선 기업이 판매촉진 활동에 의해 충분히 기대할 수 있는 효과를 살펴보면 다음과 같다.

① 상품에 친숙하지 않거나 새로운 표적 소비자를 대상으로 최초 사용 및 구매를 유도하는 효과
② 기존의 사용 소비자를 대상으로 상품을 고집하도록 하거나 보다 자주 사용하도록 유도하여 상표충성도를 높이는 효과
③ 상품을 구매한 경험이 있는 소비자로 하여금 한 번 더 구매하도록 유도하는 효과
④ 광고에서 주장하는 메시지 내용을 확인시켜 줌으로써 광고 메시지를 보강, 강화, 구체화하는 효과
⑤ 유통 과정상에서 소비자에게 제품설명서 및 광고를 제공하거나 설득하여 거래를 촉진하는 효과
⑥ 판매원들에게 상품의 판매를 위한 의욕과 지원을 하여 판매원을 독려하는 효과

반면에 기업이 일반적으로 판매촉진 활동으로 기대하기 어려

운 효과를 살펴보면 다음과 같다.

① 소비자들이 상품에 대해 부정적인 인식을 하고 있는 경우에 있어서 재 구매를 자극하는 효과
② 제품 생명주기[3]상으로 쇠퇴기에 있는 상품의 경우에 상품을 리바이벌하여 시장을 확대하는 효과
③ 멤버십, 마일리지 등과 같은 판매촉진 방법을 제외하고 상품에 대한 장기간의 반복구매 동기를 자극하는 효과
④ 장기간 촉진활동에 따라 형성되는 명품의 상표 이미지를 창출하는 효과

소비자의 충동구매 효과	판매촉진 활동의 효과 중에서 일정 부분이 상품의 구매 시점에서 이루어지는 소비자들의 충동구매를 통해 발생하고 있다.

충동구매는 여러 학자들에 의해 조금씩 달리 개념화하고 있는 상황에서, 이를 종합적으로 해석하면 습관적 구매나 계획적 구매와 구별되는 개념으로서 소비자가 사전에 계획하지 않았으나 구매 시점에서 소비자의 기분이나 특정의 자극에 의해 구매가 이루어지는 구매형태라 할 수 있다.

이러한 충동구매는 비계획적 구매라는 개념을 바탕으로 순수 충동구매, 상기 충동구매, 암시 충동구매, 계획 충동구매 등 4가

---

3) 제품 수명주기(Product Life Cycle)란 생물의 성장 과정과 마찬가지로 제품이 시장에 도입되어 사라질 때까지 제품의 '매출액과 이익'의 변화상태를 구분해 놓은 것(정어지루·김화동 외(2009), 『신마케팅』, 목원대학교 출판부).

지 형태로 구분된다.

첫째, 순수 충동구매(pure impulse buying)는 가장 쉽게 식별할 수 있는 진정한 충동구매로 정상적인 소비자의 구매패턴에서 벗어나 새로운 상품 또는 진기한 상품을 구매하는 형태이다.

둘째, 상기 충동구매(reminder impulse buying)는 소비자가 구매 시점에서 상품을 봄으로써 집에 있는 재고가 떨어졌거나 부족하다는 생각이 들었을 경우나 광고나 여타 정보에 의하여 구매하고자 마음을 먹었던 과거의 기억을 상기했을 경우에 일어나는 구매의 형태이다.

셋째, 암시 충동구매(suggestion impulse buying)는 소비자가 어떠한 상품을 처음 보고 상품에 대한 사전지식이 없더라도 필요성을 인식할 때 일어나는 구매의 형태이다. 암시 충동구매는 상품에 대한 사전지식이 없다는 점에서 상기 충동구매와 구별된다. 또한 암시 충동구매는 구매 시점에서 상품의 기능, 품질 등에 대한 평가를 통한 합리적 구매가 이루어지기 때문에 감정적 소구에 의한 순수 충동구매와 구별된다.

다섯째, 계획 충동구매(planned impulse buying)는 소비자가 사전에 특정 상품에 대한 구매계획을 갖고 있지는 않지만 특매, 경품제공 등과 같은 판매촉진 정보를 가지고 쇼핑할 때 일어나는 구매의 형태이다.

현재 유통채널이 많아지고 쇼핑의 편리성이 커져 소비자의 쇼핑 횟수가 많아짐에 따라 소비자들의 충동구매가 증대하는 상황으로 많은 기업들이 소비자들의 충동구매를 마케팅 활동에 적극적으로 활용하고 있다. 특히 충동구매 유형 중 계획 충동구매는 최근에 활발히 발생하고 있는 소비자 행동의 특성으로서 판매촉진 전략에 매우 중요한 요소로 이용되고 있다.

❺ 판매촉진의 종류 및 소비자 반응

판매촉진의 종류 기업이 판매촉진 활동을 수행하는 관점에서 판매촉진 활동이 누구를 대상으로 하느냐에 따라 달라진다.

이에 따라 판매촉진의 종류는 소비자 판매촉진, 유통 판매촉진, 판매원 판매촉진 등 3가지로 구분된다.

(1) 소비자 판매촉진(Consumer Sales Promotion)

기업이나 유통점이 상품의 최종 소비자를 대상으로 전개하는 판매촉진을 의미하는 것으로서 일반적으로 다음과 같은 목적에서 이용한다.

○ 신규 소비자를 유치하기 위해서
○ 현재 고객을 유지하기 위해서
○ 소비자의 구매량이나 사용량을 늘리기 위해서
○ 현재 소비자를 다른 상품의 구매로 유인하기 위해서
○ 신제품을 소개하기 위해서
○ 광고나 홍보 등 다른 촉진활동을 강화하기 위해서

(2) 유통 판매촉진(Trade Sales Promotion)

유통 판매촉진은 유통과정의 중간상인 도소매상을 대상으로 전개하는 판매촉진을 의미하는 것으로서 일반적으로 다음과 같은 목적에서 이용한다.
- ○ 새로운 거래 유통점을 개척하기 위해서
- ○ 도소매상의 공급물량을 늘리기 위해서
- ○ 디스플레이, 소매점 광고, 권유판매 등 도소매상의 판매촉진 활동을 지원 또는 유발하기 위해서
- ○ 도소매상의 이익을 보전시키는 수단으로 이용하기 위해서
- ○ 도소매상과의 호의적인 관계를 유지하기 위해서

(3) 판매원 판매촉진(Sales Force Sales Promotion)

판매원 판매촉진은 기업 또는 도소매상에 고용된 판매사원들을 대상으로 전개하는 판매촉진을 의미하는 것으로서 일반적으로 다음과 같은 목적에서 이용한다.
- ○ 상품의 판매 활동을 돕기 위해서
- ○ 판매사원들의 생산성을 높이거나 사기를 진작시키기 위해서
- ○ 판매 노력을 최우선으로 하는 기업 내부의 분위기를 조성하기 위해서

판매촉진의 종류 중 시장에서 전개되고 있는 판매촉진 활동을 보면 소비자 판매촉진이 대부분을 차지하고 있다. 다만, 기

업이 판매촉진을 전개할 때 활용하는 형태는 각각 개별적으로 활용하기도 하지만 보통 기업들은 함께 활용하고 있다.

판매촉진의 소비자 반응	소비자를 대상으로 하는 소비자 판매촉진의 경우에는 소비자들이 시장에서 특정 상품의 판매촉진 활동에 반응하는 데 차이가 있다.

판매촉진에 대한 소비자 반응의 차이를 이해하기 위해서는 다른 촉진활동과 달리 새로운 접근개념이 필요하다. 이에 따라 소비자 판매촉진의 경우에는 소비자가 판매촉진 제안에 대해 어떤 구매 경향을 보이는가 하는 '구매결정경향(Deal Prone)'에 따라 소비자를 이해할 필요가 있다. '구매결정경향'이란 판매촉진 제안에 의해 영향을 받은 소비자의 구매행위를 구매 시기, 구매 상표, 구매량, 점포 선택행위 등으로 표현된 것을 말한다. 판매촉진에 대한 '구매결정경향'은 효율적이고 효과적인 판매촉진 제안이나 방법을 파악하는 데 있어 결정적인 도움이 될 수 있다.

소비자의 '구매결정경향'을 파악하기 위해서는 우선 판매촉진의 제안이나 종류에 따라 발생하는 구매 시기, 구매장소, 구매량 등과 같은 구매상황에 따른 소비자의 구분이 필요하다. 소비자를 구분과 함께 소비자의 인구 통계적 특성이나 심리적 특성도 파악할 수 있다. 이렇게 하면 판매촉진에 대한 특정 '구매결정경향'의 소비자들이 어떤 인구 통계적 특성이나 심리적 특성을 보이는지를 알 수가 있다.

실제로 몇몇 학자들이 소비자 판매촉진과 관련하여 소비자를 구분하는 방법들을 제시하고 있다. 이들 중 판매촉진 활동에 대한 소비자 반응에 따른 소비자들을 구분하는 데 있어 가장 현실적이라고 판단되는 Schultz(1992)의 방법을 소개하고자 한다. 슐츠는 판매촉진에 영향을 받는 '구매결정경향'을 기준으로 다음과 같이 소비자들을 구분하고 있다.

① 자사충성 고객(Current Loyalty)

자사 상표를 특정의 구매요인을 바탕으로 꾸준히 구매하는 소비자들이다. 이들 소비자는 자사 상표가 시장에서 가장 좋은 상표라고 인식하고 있는 소비자이거나 가격대비 품질에 충분히 만족하고 있는 소비자일 가능성이 크다. 자사충성 고객은 경쟁상품의 가격 변화나 광고, 판매촉진 활동에 크게 흔들리거나 반응을 하지 않는다는 특징을 보인다. 따라서 기업의 판매촉진은 자사 상품의 사용빈도를 늘리는 방법이나 기존 상품과 연계된 상품을 소개하는 방법을 활용하는 것이 효과적이다.

② 경쟁충성 고객(Competitive Loyalty)

경쟁 상표를 특정 구매요인을 바탕으로 꾸준히 구매하는 소비자들이다. 이들 소비자들은 다시 세 가지 유형으로 구분해 볼 수 있는데, 첫 번째 유형은 절대로 다른 상표로 바꾸지 않을 소비자로서 경쟁상품의 충성도가 매우 높은 소비자들이다. 예를 들어 여성 화장품의 경우에 여성들이 자기 피부에 맞는다는 이유로 아무리 비싸더라도 특정 상표만을 고집하는 소비자들이다. 두 번째 유형은 비용 및 가격대비 효율성이나 품질이 경쟁 상표가 상대적으로 더 좋다고 인식하고 있는 소비자들이다. 이러한 유형은 첫 번째 유형의 소비자들 보다는 경쟁 상표의 충성도가 덜한 편이다. 세 번째 유형은 습관적으로 경쟁 상표를 구매하는 소비자로서 자기 관여도가 낮고 상표에 대한 정보도 많이 갖고 있지 않으면서 경쟁 상표를 그냥 습관적으로 선택하는 성향을 보인다. 이러한 유형의 소비자들은 특별한 혜택에 따른 구매요인이 발생하면 다른 상표로 선택을 바꿀 가능성이 다른 유형의 소비자들보다 높다고 할 수 있다.

③ 상표 전이 고객(Switcher)

구매 시점에서 구매요인의 변화에 따라 상표를 가리지 않고 이 상표 저 상표를 구매하는 소비자들이다. 이들 소비자들은 다른 상표를 선택할 때마다 나름대로 이유를 들어 구매 결정을 하는 경향이 강하다. 예로 특정 상품이 눈에 잘 띄기 때문에 그 상표를 구매할 수도 있다. 이들 소비자는 판매촉진 활동의 주요대상이기 때문에 자사 상표의 충성도를 높일 수 있는 기업들의 고민과 노력이 특히 필요하다.

④ 가격 중심 고객(Price Buyer)

특정 상품을 구매하는 데 있어 가격이 유일한 구매요인으로 작용하는 소비자들이다. 이들 소비자는 일반적으로 가처분소득이 적은 계층들이라 할 수 있다. 하지만 상품 자체의 특징이 상표들 간의 차이를 느끼지 않는 상품들이 있는데, 이 경우에도 소득수준과 관련 없이 가격이 가장 중요한 구매요인으로 작용한다. 대표적인 예로 세탁비누의 경우에는 대부분의 소비자들이 시장에 판매되고 있는 상표들 간의 차이를 느끼지 못하기 때문에 가장 싼 상품을 구매하는 경향이 크다. 따라서 이들 소비자를 대상으로 판매촉진을 한다면 가격할인 형태의 방법이 가장 효과적일 수 있다.

⑤ 비사용 고객(Nonuser)

상품 자체를 특정한 이유로 인해 전혀 구매하지 않는 소비자들이다. 이들 소비자는 상품을 필요로 하지만 구매할 여력이 없는 경우, 가격이 너무 비싸서 구매할 가치가 없다고 생각하는 경우와 근본적으로 필요성을 느끼지 못하거나 욕구가 없는 경우에 해당한다. 비사용 고객은 상품의 내용 및 특성과 맞지 않기에 기업이 비사용 고객 소비자들을 대상으로 판매촉진을 수행하는 것은 바람직하지 않으며, 만약 이러한 소비자들을 대상으로 하기 위해서는 상품 자체의 변화가 우선되어야 한다.

이벤트 판매 촉진의 증가	광고나 홍보를 통한 촉진활동의 경제적 효과가 감소하고 있는 상황에서 촉진활동의 주목도를 위해 이벤트 행사와 연계한 판매촉진에 관심이 증대하고 있다.

이벤트란 기간, 장소, 대상을 제한하고 공통의 목적에 따라 수행되는 일체의 행사를 의미하는 것으로서 최근 기업들이 판매촉진에 대한 소비자 관심을 증대시키기 위한 방법으로 많이 이용되고 있다.

이벤트의 특성으로는 표적 대상들에 대한 직접적인 접촉에 이루어지기 때문에 일체감, 쌍방향 커뮤니케이션, 공감공유, 현장감 등을 들 수 있다. 이를 바탕으로 이벤트의 일반적인 효과를 살펴보면 다음과 같다.

① 다이렉트 효과
이벤트를 개최하는 주체에 있어서의 직접적인 효과로서 입장료 수입(유료입장의 경우), 집객 효과, 행사장 내의 상품판매 등이 발생하는 것을 말한다.

② 커뮤니케이션 효과
대중매체에 의한 광고나 홍보와 이벤트가 연동되어 발생하는 제반효과로서 이벤트 행사장을 매개로 하여 이벤트 개최 주체자와 참가자 간에 발생하는 쌍방향 커뮤니케이션 효과를 말한다.

③ 판매촉진 효과
특정 기업의 이벤트 행사에 대한 후원이나 협찬을 통해 상품 홍보 및 판매가 이루어지는 경우로 기업이나 상품의 호감도 조성, 구매의욕의 촉진을 통해 매출을 증대시키는 효과를 말한다.

④ 구전 효과
이벤트 참가자나 이벤트와 관련된 정보를 접촉한 사람들로부터 주변 사람들에게 이벤트의 내용이 구전되는 효과를 말한다.

이러한 구전 효과는 기업이 직접 수행하는 광고나 홍보보다 훨씬 더 신뢰성을 준다는 점에서 중요하다고 할 수 있다.

⑤ 퍼블리시티 효과

이벤트가 언론에 관심을 받아 대중매체에 보도됨으로써 이벤트 개최 주체의 의도가 널리 알려지는 효과를 말한다. 퍼블리시티 효과의 경우에는 이벤트의 내용이 불우이웃 돕기 행사, 지역사회 소상공인 관련 행사 등과 같이 시대적 이슈의 사회적 공익성과 연계될 때 그 효과가 더 크다고 할 수 있다.

⑥ 인센티브 효과

기업이 이벤트를 직접 개최하지 않고 다른 주체와 공동으로 개최하거나 후원이나 협찬의 형태로 참여하는 경우에 이벤트 주최 측 및 관련 조직체들과의 관계 개선 및 촉진이 발생하는 효과를 말한다.

이벤트의 종류는 분류방법에 따라 다양하게 나누어질 수 있는데, 주최 측의 성격 및 목적에 따라 이벤트의 종류를 분류하면 〈표 1〉과 같이 구분된다.

〈표 1〉 주최 측 성격 및 목적에 따른 이벤트 종류

종 류	주 최	방 식	형태
공공 이벤트 (Public Event)	정부 공공기관	무료행정형	국가 이벤트
		유료경영형	지역 이벤트
기업 이벤트 (Corporate Event)	기업	PR형	문화 공공이벤트
		SP형	판매촉진 이벤트
사적 이벤트 (Private Event)	개인, 단체	친목, 컨벤션	개별 이벤트
		스포츠, 문화	

■■■ 참고문헌

김희진 (2004), 『세일즈 프로모션』, 커뮤니케이션북스.

안광호·김동훈 외 (2011), 『촉진관리-통합적 마케팅 커뮤니케이션 접근』, 학현사.

이범재 (2007), 『재미있는 마케팅 세일즈 프로모션』, 엔컬쳐.

정어지루·김화동 외 (2009), 『신마케팅』, 목원대학교 출판부.

정해동·박기철 (2001), 『광고보다 빠른 세일즈 프로모션』, 커뮤니케이션북스.

홍장선 (2014), 『세일즈 프로모션 방안』, 커뮤니케이션북스.

Blattberg & Neslin (1990), *Coupon Distribution and Redemption Patterns.* Chicago, Nielsen Clearing House.

Koler, Phillip (1998). *Marketing Management: Analysis, Planning, Implementation, and Control*, 6th ed., Englewood Cliffs, NJ: Prentice-Hall.

Schultz, Don E. & Robinson, William A. (1982), *Sales Promotion Management*, Chicago: Crain Books.

Wester, F. E.(1971), *Marketing Communication*. Ronard Press Company.

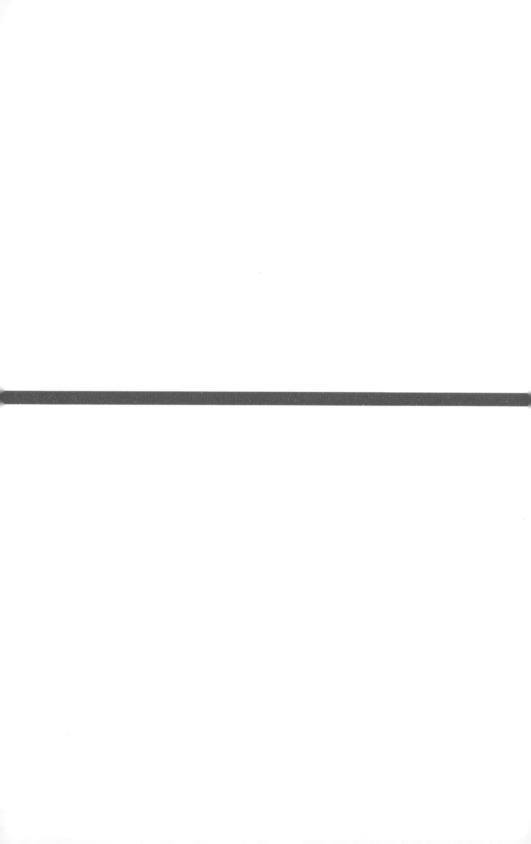

Part II

판매촉진 기획

■■■Part II 판매촉진 기획

❶ 판매촉진의 기획과정

| 판매촉진
기획의 의의 | 일반적으로 기획이란 어떤 목표를 정하고 그 목표에 도달하기 위해 행하는 '구성', '제안', '실천'의 모든 업무를 의미하는 것이다. |

다시 말해서 기획은 어떠한 사업을 수행하기 위해 필요로 하는 사업과정에 대한 전체적인 조망이라 할 수 있다.

판매촉진의 기획은 판매촉진 수행에 관한 전체과정을 주관하는 계획으로서 판매촉진 활동의 전 과정을 이끌고 조망하며, 각 과정단계에서의 중요한 의사결정에 기준이 된다. 따라서 판매촉진의 기획서는 모든 사업의 기획서와 마찬가지로 내용을 단순히 기술하는 것보다는 내용의 기술 및 구성에 있어 다음과 같은 점들을 유의하여 작성하여야 한다.

① 논리적이고 설득적이어야 한다.

최근에는 설득을 위해 감성적인 자극이 점점 중요해지고 있지만 기본적으로 논리적 설득이 바탕이 되어야 한다. 따라서 기획서를 작성하고 효과적인 커뮤니케이션을 하는 데 있어 내용의 논리적인 구성과 함께 표현의 수사학(Rhetoric)이 요구된다. 이를 통하여 판매촉진 활동에 대한 계획 내용을 논리적으로 설득할 수 있다. 이때 논리적 설득을 위해서 이와 유사한 선행 사례의 분석을 함께 제시하는 것이 방법일 수 있다.

② 참여자들에게 동기부여 측면으로 작용해야 한다.

판매촉진 기획은 내부 참여자들과 공유되기 때문에 기획서의 내용에 동기유발의 요소가 필요하다. 다시 말해서 판매촉진의 내용이 동기부여 요소를 담아야 그 기획서를 접하는 사람이 그 내용에 매력을 느껴 관심을 둔다는 것이다.

③ 수행비용과 기대효과에 대한 예상을 제시하여야 한다.

기획서의 중요한 부분은 활동내용의 제시와 함께 수행비용과 그에 따른 기대효과에 대한 예측치를 제시하여야 한다. 예를 들어 몇 가지의 판매촉진 방법을 수행하는 경우에 각각의 방법에 대한 비용과 기대효과를 치밀하게 예측하여야 한다. 이는 수행하고자 하는 판매촉진에 대한 의사결정과 성과평가의 중요한 기준으로 작용하기 때문이다.

판매촉진 기획은 고도의 자료 분석과 그에
따른 전략적 사고가 요구되는 것으로 기획
의 과정은 기본적으로 6W3H 원칙에 따라
구성되어야 한다.

이를 통하여 판매촉진 기획의 기본요소인 목표, 전략방안,
표적집단, 기대효과, 수행 기간 및 예산 등이 구체적으로 결정
된다.

6W3H 구성요소들은 각각의 독립적인 의사결정요소가 아니
라 서로 유기적인 관계 속에서 이루어지는 것으로서, 이에 따
라 기획의 기본요소들이 〈그림 3〉과 같이 결정될 수 있다.

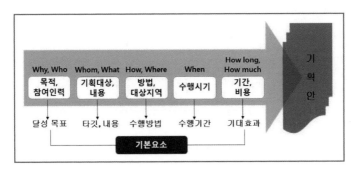

〈그림 3〉 6W3H 원칙에 따른 판매촉진 기획의 기본요소

Why(목적)는 판매촉진을 통해 어떤 목표를 달성할 것인가를
결정하는 것이다. 즉, 매출증대를 위해서 할 것인지, 신제품의
경우 시용 증대를 위해 할 것인지를 판단해야 한다. What(내용)
은 어떤 판매촉진 활동을 수행할 것인가에 관한 결정으로서 시

장분석을 통해 판매촉진의 콘셉트와 방법을 설정한다. Whom (대상)은 어떤 소비자를 표적집단으로 할 것인가에 관한 결정으로서 판매촉진의 대상이 되는 시장에 대한 조사 및 분석을 바탕으로 결정한다. Who(주체)는 어떤 사람들을 판매촉진 활동에 투입할 것인가에 관한 결정으로서 판매촉진 수행방법에 따라 참여하는 인력의 성격을 결정할 수 있다. Where(장소)는 판매촉진을 어느 지역에서 수행할 것인가에 관한 결정으로서 설정하는 목표에 따라 전국적으로 수행할 것인지, 일부 지역에서만 수행할 것인지를 판단할 수 있다. When(시기)은 언제 판매촉진을 수행할 것인가에 관한 결정으로서 시장 및 경쟁상황을 고려하여 적절한 수행 시기를 정하는 것이 중요하다.

How(방법)는 여러 가지 판매촉진의 방법들 중 어떠한 방법을 이용하여 수행할 지를 결정하는 것이고, How much(비용)는 판매촉진에 소요되는 예산이 구체적으로 얼마인지를 예측하는 것이며, How long(기간)은 판매촉진 활동에 대한 구체적인 수행 기간을 결정하는 것이다.

판매촉진의 기획과정	판매촉진의 기획과정은 전체적인 판매촉진의 형태 및 범위에 따라 약간의 차이가 있으나, 일반적인 기획과정은 〈그림 4〉와 같은 순서로 구성된다.

우선 판매촉진의 기획은 판매촉진 대상 상품의 시장 상황과 시장에 영향을 미치는 외부환경에 대한 분석이 이루어진다. 시

장 상황 및 환경 분석 후에는 그 내용을 바탕으로 구체적인 판매촉진의 수행계획이 수립되는데, 판매촉진의 수행계획은 판매촉진의 목표 설정, 판매촉진의 전략 수립, 판매촉진의 표적집단 선정, 판매촉진의 수행방법 계획, 판매촉진의 커뮤니케이션 계획, 판매촉진의 예산책정 순으로 이루어진다.

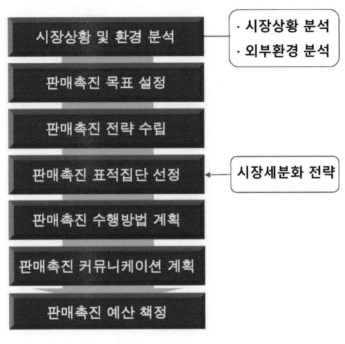

〈그림 4〉 판매촉진 기획과정

❷ 시장 상황 및 환경 분석

시장 상황 분석 | 판매촉진의 전략 수립에 앞서 판매촉진 대상 상품의 표적 시장에 직접 영향을 미칠 수 있는 시장 상황 요인들에 대한 분석이 수행되어야 한다.

〈그림 5〉에서 보여주는 시장 상황의 구성요인들을 분석함으로써 시장 내에서의 자사 상품이 가진 경쟁 상품대비 강점요소와 약점요소를 파악할 수 있다.

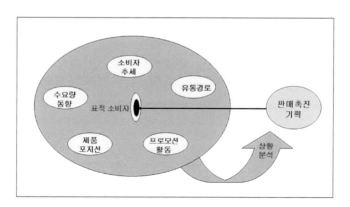

〈그림 5〉 시장 상황의 구성요인

(1) 수요량 동향

특정 상품 또는 브랜드에 대해 어느 정도의 수요가 있는지, 그리고 그 수요가 향후 어떻게 변화할 것인지를 분석하기 위하여 아래와 같은 자료를 수집하여 분석한다.

○ 전체 시장규모
○ 상품 또는 브랜드 유형별 수요량
○ 계절별 수요량
○ 유통유형별 수요량
○ 수요량 변동예측

이를 통하여 기업의 판매촉진 대상 상품 또는 브랜드가 현재 어디에서 잘 팔리고 있고, 어디에서는 잘 팔리지 않는지를 파악함으로써 보다 효과적으로 시장에 따른 판매촉진의 활동전략을 수립할 수 있다. 기본적으로 잘 팔리는 시장에서 판매촉진 활동을 전개하는 것이 효율적이지만, 그렇다고 잘 팔리지 않는 시장에서의 판매촉진 활동 전개도 소홀히 할 수는 없다. 만일 작은 시장이지만 향후 확대될 전망이 확실하다면 큰 시장에서의 경쟁상품 사용고객을 유치하는 것 즉 브랜드 스위치를 목표로 하기보다는 작은 시장의 잠재고객을 대상으로 판매촉진 활동을 수행하는 것이 더 효과적일 수 있다.

그러나 시장 상황이 공급과 수요가 포화상태라면 자사 상품의 고객 증가 및 확보를 위해서는 경쟁상품의 브랜드 스위치를 위한 판매촉진 활동을 전개하는 것이 필요하다.

(2) 소비자 추세

일반 소비자 또는 특정 상품 또는 브랜드의 소비자에 대해 인구 통계적 특성과 함께 그 특성별 구매 행동을 분석하기 위하여 아래의 자료를 수집하여 분석한다.

○ 유통경로별 유통량과 금액
○ 소비자 계층별 구매비율
○ 구매장소, 구매 결정 시 자기관여 정도
○ 구매 동기 및 결정 요인
   ···촉진활동 형태별 영향

소비자 추세 항목들에 대한 분석은 소비자들의 소비에 대한 전반적인 상황과 소비변화의 흐름을 파악하는 데 목적이 있다. 다시 말해서 소비자가 어디에서 어떻게 상품을 구매하는가(구매 시기, 장소, 수량, 금액 등)에 대해 알아보고, 또한 소비자가 상품에 대해 기대하는 것 즉 상품구매 시 중요하게 생각하는 점(선택이유 및 구매이유)을 파악함으로써 판매촉진 활동전개의 포인트를 발견할 수 있다.

이와 함께 소비자가 어디에서 어떻게 상품을 구매하는지를 파악함으로써 소비자에게 가장 가까이 다가갈 수 있는 방법을 찾아낼 수도 있다. 또한 사회적 변화에 소비자가 어떻게 반응하고 있는지를 추가로 파악하여 상품 개발 및 개량의 중요한 힌트를 얻을 수도 있다.

(3) 제품 포지션

특정 상품 또는 브랜드가 시장에서 경쟁상품이나 브랜드에 비교하여 어떠한 포지션을 가졌는지를 분석하기 위해서는 아래의 자료를 수집하여 분석한다.

○ 브랜드별, 제품유형별 시장점유율
○ 소비계층별 시장점유율
○ 유통경로별 시장점유율
○ 지역별 시장점유율
○ 브랜드별 이미지 포지션 상태
   …소비자의 욕구를 충족시키고 있는 상황

특정 상품 또는 브랜드가 공급되는 시장은 일반적으로 경쟁상품이나 브랜드들이 존재한다. 이러한 시장 상황에서 자사 상품이나 브랜드가 차지하고 있는 포지션에 대한 정확한 분석을 바탕으로 판매촉진 전략을 수립하는 것이 필요하다.

〈그림 6〉은 담배에 대한 브랜드 속성별 이미지 포지션에 대한 실제 분석결과의 예(2010년 담배 시장)를 보여주고 있다. 이를 통하여 특정 브랜드에 대한 소비자 인식 상에서의 경쟁상품 및 브랜드들 대비 상대적 포지션 즉 경쟁력을 파악할 수 있다.

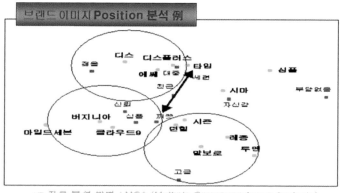

〈그림 6〉 브랜드 이미지 포지셔닝 분석

　　이상의 제품 포지션에 대한 분석결과를 바탕으로 판매촉진 전략이 수립되어야 하는데, 만약 자사의 상품이나 브랜드가 우위의 시장구조라면 그러한 우위지속을 위해 보다 시장을 전면적으로 확보하는 방안이 필요하고, 반면에 자사의 상품이나 브랜드가 열세인 입장이라면 부분적인 점유상태에서 점진적인 확장을 도모할 필요가 있다. 또한 신상품의 경우에는 경쟁적 상황이 아니라 소비자 관점에서 그 상품에 대한 차별적 경쟁력을 발견하여야 한다.

(4) 유통경로

　　특정 상품 및 브랜드에 대한 영업네트워크, 서비스 형태 등 자사의 유통 상황을 파악하는 것으로 아래의 항목들에 대한 자료를 수집하여 분석한다.

○ 상품 흐름상 자사 상품 및 브랜드에 불리한 편중 여부

○ 유통 종사자들의 자사 상품 및 브랜드에 대한 평가

○ 매장에서의 자사 상품 및 브랜드의 진열상황

○ 자사의 영업체계

···유통점에 대한 영업 활동은 어떠한지

상품의 공급이 수요보다 적은 시장에서는 유통의 지배권을 제조 기업이 갖게 된다. 하지만 상품이 시장에서 포화상태가 되면 유통의 지배권이 유통업자가 갖게 되어 시장을 주도하게 된다. 현재 우리나라와 같이 내수시장이 불황이 계속되는 상황에서는 상품의 흐름이 느려져 그 유통의 흐름을 빠르게 하려는 기업의 노력이 보다 절실히 요구된다.

효과적인 판매촉진 활동의 전개를 위해서는 유통 상황에 대한 정확한 파악 및 분석이 무엇보다 중요하다. 분석결과, 만약 유통채널에서 자사에 문제가 있는 경우에는 일상적인 판매촉진 활동을 수행하더라도 그 성과를 기대하기 어렵다. 이러한 경우에는 유통채널과 판매현장에서의 평가를 높이기 위한 시도와 유리한 유통점에서의 입지확보가 판매촉진 활동의 핵심이 되어야 한다. 이에 따라 판매촉진 전략을 수립할 때 유통점에서 자사 상품에 대한 판매촉진에 적극적인 태도를 보일 수 있는 유통점 대상의 판매촉진 방법들을 함께 계획하여야 한다.

(5) 프로모션 활동

자사 상품과 주요 경쟁상품들에 대한 과거에 수행하였던 촉

진활동, 즉 광고, 홍보와 판매촉진 활동들의 내용과 성과에 대해 분석을 하는 것이 필요하다. 이는 판매촉진 활동계획에 중요한 지침으로 작용하기 때문에 판매촉진을 기획함에 있어서 매우 중요하다.

○ 광고 및 홍보 활동의 내용 및 성과
  ··(성과) 상품 및 브랜드 인지 상황
○ 판매촉진 활동의 내용 및 성과
  ··(성과) 상품 및 브랜드 구매 경험률, 반복구매율

과거의 촉진 활동에 대한 분석을 통하여 판매촉진 활동전개의 방향을 효율적으로 기획할 수 있다. 다시 말해서 기획자는 이러한 분석을 통하여 자사 상품 및 브랜드의 인지 상황에 맞는 판매촉진 활동을 전개한다든지, 경쟁상품을 약화하는 판매촉진 활동을 집중시킨다든지 하는 전략을 수립할 수 있다.

외부환경 분석 | 시장 상황 분석과 함께 〈그림 7〉에서 보여주는 바와 같이 시장에 영향을 미칠 수 있는 외부환경 요인들에 대한 분석도 수행되어야 한다.

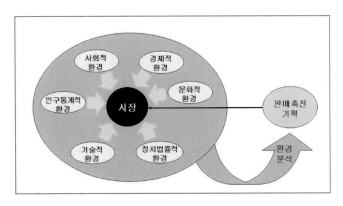

〈그림 7〉 외부환경의 구성요인

외부환경의 구성요인들을 분석함으로써 환경요인의 변화에 따른 시장에서의 기회 요소와 위협요소를 발견할 수 있다. 이를 바탕으로 판매촉진을 기획할 때 기회 요소는 최대한 활용하고 위협요소는 최소화할 수 있는 방안을 제시하여야 한다.

(1) 사회적 환경

사회적 환경요인은 사회 구성원들의 태도, 가치관, 라이프 스타일 등에 대한 것이다. 이들 요인은 소비자들이 구매할 상품, 지불해야 할 가격, 특정 촉진 활동의 효과, 소비자들이 구매할 시기, 장소, 방법 등에 영향을 미친다. 사회적 환경요인은 판매촉진 기획자에게 판매촉진 활동의 계획을 수립하기 위해 기본적으로 파악하여야 할 요인이지만 향후의 변화를 예측하고 그 영향을 파악하는 것은 상당히 어렵다고 할 수 있다.

(2) 인구 통계적 환경

인구 통계적(demographic) 환경은 시장의 규모를 결정하는 가장 기초적인 환경요인으로서 인구성장률, 출생률, 연령, 성, 인구밀도, 소득수준, 주거지역, 교육수준 등과 같은 측정 가능한 인구특성 요소들을 포함한다. 인구 통계적 변화와 추세는 시장변화를 보여주는 중요한 환경요인이다. 이와 관련하여 우리나라는 신생아 출산율 저하와 함께 노인층 증가율이 세계적인 수준으로 큰 변화를 겪고 있다. 이러한 변화는 실버산업의 증가 등의 시장구조에 큰 영향요인으로 작용하고 있다.

인구 통계적 환경의 변화는 신제품의 판매촉진 활동에 있어서 기획자에게 가장 큰 관심 사항이라 할 수 있다. 이러한 변화는 자동차와 같은 내구재에서부터 비누, 치약과 같은 일상용품에 이르기까지 많은 상품들에 대한 시장규모와 표적집단 소비자의 특성을 파악하는 데 중요한 기준이 되기 때문이다.

(3) 경제적 환경

경제적 환경은 소비자의 구매력과 관련이 있는 요인으로서 경기순환(호황기, 불황기, 회복기), 소득수준, 인플레이션, 이자율, 환율 등이 있다. 기업의 입장에서는 소비자의 수가 많은 것도 중요하겠지만, 소비자의 숫자가 많다고 해서 기업에 매력적인 시장이 되는 것은 아니다. 매력적인 시장이 되려면 소비자의 수뿐만 아니라 소비자의 욕구와 필요를 만족시켜 줄 수 있는 충분한 구매력을 갖고 있어야 한다. 이러한 사실은 개발도 상국에서도 알 수 있듯이 인구가 많고 인구성장률이 높다는 것만으로 매력적인 시장기회로 작용하지는 않는다.

☞ 〈보너스 TIP〉 노인층 증가와 실버산업

실버세대는 대체로 정년이나 자녀가 독립하는 60세 이후에 시작되는 세대를 지칭하는 것이다. 현재 우리나라는 실버세대인 노인층 증가율이 OECD 국가들 중 최고수준으로 국가적 문제로 대두되고 있다. 인구의 고령화에 따른 노인 문제는 사회복지 대책만으로 해결할 수 없다. 사회복지 대책은 경제적 취약계층의 기본적인 최저한도의 삶의 보장을 위한 국가적 서비스라 할 수 있다. 그렇기 때문에 오늘날 다양해지고 수준이 높아지고 있는 노인층의 욕구를 민간 비즈니스 측면에서 해결하여야 한다. 특히 중산층 이상 노인들의 경우에는 노후 삶의 질을 추구하는 욕구를 충족시켜주는 실버산업의 발전이 요구된다.

우리나라의 경우에도 노인층이 해마다 증가하면서 실버시장에 대한 관심이 커지고 있으나 현재는 도입단계에 있다고 할 수 있다. 따라서 우리나라 실버산업의 발전은 다음과 같은 몇 가지 특수성을 고려하여 이루어져야 한다.

첫째, 상품의 제공이라는 단순개념을 탈피해야 한다. 지속적인 상품의 개발이 뒤따르지 않는 상품의 고급화만으로는 변화하는 실버세대의 욕구를 충족할 수 없다.

둘째, 실버세대의 특징적 행동과 의식에 대한 정보를 끊임없이 축적해야 한다. 이는 실버세대의 변화하는 욕구를 파악하기 위한 기본 과정이라고 할 수 있다.

셋째, 우리 실정에 맞는 제품 및 서비스를 개발하여야 한다. 나라마다 문화적 전통과 사회적 가치관 및 생활습관이 다르기 때문에 선진국의 모델을 참고할 수는 있으나 그것을 곧바로 우리 현실에 적용하려 해서는 큰 효과를 거두기 어렵다.

(4) 문화적 환경

　문화적 환경요인에는 특정 사회에서 구성원들이 성장하며 그 사회에서 형성되는 신념, 풍속, 관습, 종교 등이 있다. 이러한 요인들은 소비자들이 구매하는 제품이나 가격, 스타일을 비롯해서 촉진활동의 영향이나 소비자의 구매 행동에 크게 영향을 미칠 수 있다. 문화는 일반적으로 전체 문화 속에서 여러 개의 하위문화(subculture)들이 구성되어 있는데, 크게는 동·서양문화로 구분되며 각 나라별로도 구분되는 하위문화들이 있다. 이러한 문화적 환경은 국가와 같은 큰 집단 사이에서 차이를 주로 보이지만, 한 국가 내에서도 인종과 민족, 연령, 지역, 종교 등의 차이에 따라 이질적인 집단으로 나뉘기도 한다. 예로 미국의 경우에는 인종별로 문화적인 차이가 두드러지게 나타나고 있고, 우리나라의 경우에도 연령별, 지역별, 사회계층별로도 문화적 차이가 나타나고 있는 상황이다.

(5) 정치 · 법률적 환경

　정치·법률적 환경요인에는 특정 사회의 조직이나 개인에게 영향을 미치거나 이들의 활동에 제한을 가하는 법률, 정부의 정책 및 규제, 각종 정부 기관의 방침 그리고 압력단체 등이 있다. 이러한 요인들은 일반적으로 소비자의 이익 보호를 위하거나 기업의 불공정거래 활동을 규제하기 위해 만들어진 것이다. 특별히 기업의 판매촉진 활동과 관련하여서는 경품류 제공에 관한 불공정거래행위에 관련 법〈**부록**〉이 제정되어있다. 따라서 이러한 정치·법률적 환경에 대한 분석은 소비자의 구매 행동에 직접 영향을 주는 판매촉진의 특성에서 볼 때 중요하다고 할 수 있다.

(6) 기술적 환경

기술적 환경은 최근 들어 중요한 요인으로 주목받고 있는 외부적 환경요소로서 상품이나 서비스를 생산하는 데 필요한 기술의 발달은 소비자의 욕구를 충족시키기 위하여 그 기술을 사용하는 모든 기업들에 새로운 기회를 제공한다. 특히 지난 수년 동안 컴퓨터기술과 디지털 전자공학, 정보통신기술 등은 인류의 생활 자체를 변화시킬 만큼 급속히 발전하였다. 예컨대 정보통신기술의 발달로 기업은 자사의 상품을 시장에 신속하고 편리하게 제공해 주고, 소비자들은 새로운 유통으로 인해 편하게 구매할 수 있게 해 주었다. 따라서 기업이 경쟁상의 상대적 우위를 확보하고 잠재적 기회를 찾기 위해서는 지속해서 기술적 환경의 변화를 탐색하여야 한다.

| 자료수집 방법 | 이상의 시장 상황 및 외부환경에 대한 분석을 위해서는 필요한 다양한 자료를 수집하여야 한다. |

판매촉진 상품에 대한 자사의 매출 및 판매 관련 자료들은 대부분 기업들의 경우에는 보유하고 있기 때문에 수집에 어려움이 없으나, 이외의 자료들은 원천자료로서 일반적으로 문헌

조사, 시장현장조사, 온라인조사, 설문조사 등을 통하여 수집하여야 한다.

(1) 원천자료 수집

원천자료는 판매촉진뿐만 아니라 모든 마케팅 활동을 기획하기 위한 기초적이고 핵심적인 활동이다. 정보의 홍수라고 불릴 만큼 수많은 정보들 중에서 필요한 원천자료를 수집하는 일은 중요한 활동이라 할 수 있다. 원천자료를 수집하는 방법에는 여러 가지가 있는데, 기존 자료를 수집하는 경우에는 문헌조사, 시장현장조사, 온라인조사 등의 방법을 이용하며, 기존 자료가 아닌 새로운 내용의 자료를 추가로 수집하는 경우에는 설문지를 통한 설문조사 방법을 이용한다.

이러한 수집방법들에 대해 구체적으로 설명하기에 앞서 수집되는 원천자료가 갖추어야 할 기본적인 조건을 살펴보면 다음과 같다.

○ 원천자료의 정확성 : 정확한 내용으로 되어 있는가?
○ 원천자료의 일관성 : 기획 아이디어와 일치하는가?
○ 원천자료의 객관성 : 주관적 의견이 아닌 객관성이 있는가?
○ 원천자료의 활용성 : 일목요연하게 정리가 잘 되어있어서
　　　　　　　　　　　 활용하기 편리한가?

① 문헌조사
문헌조사는 해당 상품과 관련된 전문적인 서적을 중심으로 논문, 일반도서 등을 찾거나 얻는 것을 말한다. 특히 기술된

자료를 포함하여 영상자료, 녹음자료 등도 필요하다면 수집하여야 한다. 이는 현장조사가 불가능한 경우의 원천자료일 가능성이 높기 때문에 만약 원본 자료의 구매나 대여를 통한 자료의 확보가 어렵다면 복사, 스캔, 캡처, 타이핑 등을 통하여 자료를 수집하여야 한다.

② 시장현장조사

시장현장조사는 주로 상품이 유통되는 도소매상을 방문하여 조사하는 것으로서 판매촉진을 기획함에 있어 가장 기초적인 조사라고 할 수 있다. 주로 현장 판매원들을 통해 정보를 구하기도 하고 현장에서의 관찰을 통하여 필요한 자료를 수집한다.

③ 온라인조사

온라인조사는 여러 인터넷 정보 검색 사이트들이나 해당 전문사이트를 통하여 필요한 자료를 수집하는 활동으로서 상품의 특성에 따라 약간 차이는 있으나 인터넷 검색을 기본으로 한다. 현재 정보 검색의 포털 사이트로는 구글, 네이버, 다음, 야후 등이 주로 활용되고 있다.

④ 설문조사

위에서 설명한 조사방법들에 의해 수집되는 기본 자료를 통하여 파악할 수 없는 새로운 2차 자료(secondary data)를 수집하는 방법이다. 판매촉진과 관련하여 상표 선호율, 구매 경험률, 구매장소, 구매이유, 민감하게 반응하는 판촉종류 등은 다행히

조사된 결과가 있다면 모를까 대부분의 경우에는 특정 상품의 소비자들을 대상으로 설문지를 이용하여 조사하여야 한다. 설문조사에는 어떻게 조사하느냐에 따라 조사 대상자를 직접 만나 이루어지는 대면조사, 우편을 이용하여 전달하고 회수하는 우편조사, 유무선의 전화를 이용하는 전화조사, 이메일을 이용하는 인터넷조사 등이 있다.

〈표 2〉 원천자료의 수집과정

구분	내용
1. 인터넷 검색	검색 전문포털 사이트, 해당 콘텐츠 관련 사이트 등
2. 자료 소장처 물색	-온라인 소장처 : 전문사이트 공개자료, 관련 자료 색인 등 -오프라인 소장처 : 관련 전문가, 전문 연구소, 대학 등
3. 자료 확보	구매, 대여, 복사 및 스캔, 캡처, 촬영 등
4. 시장현장조사	관찰조사, 판매원 인터뷰 등
5. 자료 분석 및 정리	원천자료 분석, 분류표 작성 등
6. 자료 보완	추가조사, 심화 조사, 확대조사 등
7. 원천자료 확정	최종 확정 후 구성단계로 이관

결과의 종합적 분석기법 ┊ 시장 상황 및 외부적 환경 분석의 마지막 과정은 앞서 분석한 내용을 일목요연하게 요약하고 정리하는 것이 필요하다.

이러한 시장 상황 및 외부적 환경 분석내용을 요약하고 정리하는 대표적인 방법으로는 SWOT(Strength, Weakness, Opportunity, Threats) 분석이 있다. 많은 기업들이 시장 상황 및 외부환경 분석과정에서 SWOT 분석을 이용하고 있는데, 〈그림 8〉에서 보는 바와 같이 시장 상황 분석으로부터는 경쟁상품 대비 상대적인 강점요소와 약점요소를 파악하고, 외부환경 분석으로부터는 기회 요소와 위협요소를 파악한다.

강점 (Strengths)	약점 (Weakness)
• 소비자의 호의적 생각 및 태도 • 제품 혁신성 • 원가상의 유리점 • 경쟁상의 우위성	• 경쟁상 불리점 • 기술 및 능력의 결여 • 평균이하 수익성 • 빈약한 전략 수행
• 새로운 시장 및 세분시장 출현 • 관련제품의 추가 • 소비자 기호의 변화 • 빠른 시장성장	• 새로운 경쟁사의 진입 가능성 • 느린 시장성장 • 경기후퇴 및 경기변동 • 역빙향의 인구통계
기회 (Opportunity)	위협 (Threats)

〈그림 8〉 SWOT 분석 기준

이러한 SWOT 분석의 궁극적인 목적은 효과적인 판매촉진 전략의 수립에 요구되는 당면한 문제 및 과제와 기회를 도출하는 데 있다. SWOT 분석에 따른 당면한 문제 및 과제와 기회를 도출하는 데 있어서의 기술방법은 다음과 같다.

○ 시장 상황 및 외부적 환경 분석에서 나타난 제반 사항들이 잘 요약 및 정리되어야 한다.

○ SWOT 분석에 기술된 내용은 시장 상황 및 외부환경 분석에 기술되어 있어야 한다.

○ 당면한 문제 및 과제와 기회가 2가지 이상으로 나타난 경우

에는 중요도에 따라 우선으로 해결되어야 할 우선순위를 정해야 한다.

❸ 판매촉진 목표의 설정

목표의 형태
시장 상황 및 외부환경 분석을 바탕으로 도출된 당면 문제 및 과제의 해결을 위해서는 판매촉진 활동에 의해 달성하고자 목표를 설정하여야 한다.

기업이 판매촉진을 통해 궁극적으로 추구하는 목표는 다음과 같이 4가지 중 하나로 설정된다.

○ 매출액 증대
○ 시장점유율 증대
○ 이익 증대
○ 시용 증대

판매액 증대의 판매촉진 목표를 설정하는 것은 가장 일반적인 형태로서 시장 상황 및 외부환경 분석결과, 자사 상품의 매출액이 감소하고 있거나 감소할 가능성이 있을 경우에 단기적 매출을 증가시키기 위한 목표라 할 수 있다. 시장점유율 증대의 판매촉진 목표를 설정하는 것은 자사 상품의 매출액 증대보다는 시장에서의 지배력을 강화하기 위한 경우에 효과적인 목표의 형태라고 할 수 있다. 이는 과거 우리나라 대기업들이 시장에 진출하는 초기에 시장 지배력을 높이기 위한 목적에서 많이 이용했던 형태로서 보통 대폭적인 가격할인의 판매촉진 방법을 통해 이루어진다. 이익 증대의 판매촉진 목표를 설정하는 것은 판매액의 증대에 따른 매출액 증대나 시장 지배력 강화를 위한 시장점유율의 증대보다는 매출에 따른 이익 발생을 중요하게 생각하는 경우에 이용하는 목표의 형태이다. 따라서 이익 증대의 목표 설정은 가격할인의 판매촉진 방법보다는 상표 충성도를 높이는 판매촉진 방법을 이용하는 전략이 효과적이라고 할 수 있다.

마지막으로 시용 증대의 판매촉진 목표를 설정하는 것은 중고가의 건강식품이나 화장품의 신상품 경우에서 주로 이용하는 목표의 형태이다. 이들 신상품 경우에는 시장에서 잘 알려지지 않아서 소비자들이 구매위험을 상대적으로 크게 느끼기 때문에 당장은 자사 상품을 시용하게 하고 향후 판매로 연결하는 데 목적을 두고 있다.

판매증대의 형태	기업이 판매촉진 활동을 전개하면 판매가 증대하는데, 판매촉진 활동에 따른 판매증대는 〈그림 9〉에서 보는 바와 같이 4가지 형태를 통해서 이루어진다.

〈그림 9〉 판매촉진의 판매증대 형태

(1) 상표 전이(Brand Switch)

상표 전이에 의한 판매증대는 판매촉진에 의한 판매증대의 일반적인 형태로 판매촉진 활동을 통하여 소비자에게 지금까지 경쟁 상표로 구매하던 것을 바꾸어 자사 상표로 구매하도록 유도하는 효과에 의해 판매를 증대시키는 것을 의미한다. 즉 판매촉진을 통해 경쟁 상표의 사용자를 자사 상표의 사용자로 전이시키는 데 영향을 주는 것이다. 이는 판매촉진 활동을 통한 매력적인 판매제안에 자극을 받아 구매하는 상표를 바꾸게 하는 것으로서 상표 충성도가 낮은 구매 경향의 소비자들에게서 잘 일어나는 효과이다.

그런데 상표 전이에 의한 판매증대 효과는 제조 기업의 경우뿐만 아니라 도소매 유통점에 있어서도 중요한 판매증대의 효과라 할 수 있다. 유통점 입장에서는 상표 전이가 소비자의 '거래 상점'이 바뀌는 것을 의미한다. 다시 말해 소비자가 판매촉진 활동에 의해 다른 상점에서의 구매를 본인 상점으로 전이한다는 것이다. 따라서 제조 기업과 유통점은 이런 점에서 서로 판매촉진 활동에 따른 혜택을 공유하기 때문에 판매촉진 활동을 수행함에 있어서 제조 기업과 유통점 간에 서로 지원하는 협조적인 관계가 이루어진다고 할 수 있다.

(2) 반복구매(Repeat Purchase)

반복구매에 의한 판매증대는 기업의 판매촉진 활동을 통하여 소비자에게 자사 상표를 구매하도록 함으로써 향후 자사 상표를 다시 반복적으로 구매할 확률을 높이는 것을 의미한다. 이러한 판매촉진에 의한 반복구매는 구매 효과(Purchase Effect)와 판촉 활용 효과(Promotion Usage Effect)로 인하여 발생한다.

구매 효과란 판매촉진 활동이 상품에 대한 특정의 구매유인을 자극하여 반복구매에 이르게 하는 것을 말한다. 즉 소비자들은 자기가 구매하는 상표에 대해 어떤 습관을 형성하거나 유지하기도 하며, 상표에 대한 어떤 태도나 이용방법 등을 형성하기 위하여 반복적인 구매가 이루어지기 때문에 자신이 이전에 구매했던 상표가 특정의 구매유인을 자극하는 판매촉진을 전개하는 경우에 쉽게 재구매가 이루어진다는 것이다.

판촉 활용 효과란 판매촉진 활동으로 반복구매가 이루어지는 것을 말한다. 즉 소비자가 특별한 이유 없이 판매촉진을 전개하기 때문에 상표를 구매함으로써 상표를 경험하게 되고 그 경험을 바탕으로 하여 다음에도 그 상표를 구매한다는 것이다.

이에 따라 구매 효과와 판촉 활용 효과 중 어떤 효과에 따른 반복구매를 자극하는 판매촉진을 할 것인가를 결정하는 것이 필요하다. 일반적으로는 시장에서 잘 알려진 기존 상품의 경우에는 자사 상표에 대한 태도나 사용 행동을 바탕으로 한 구매 효과를 이용하는 판매촉진이 효과적이다. 반면에 신상품의 경우에는 상품의 시용을 유도하는 방법을 전개하여 재구매가 이루어지는 판촉 활용 효과를 이용하는 판매촉진이 효과적이다.

(3) 구매증대(Purchase Acceleration)

구매증대에 의한 판매증대는 기업의 판매촉진 활동을 통하여 소비자가 한번 구매에서의 구매량을 늘리거나 구매빈도를 늘리도록 함으로써 전체적인 판매를 증대시키는 것을 의미한다. 다시 말해서 판매촉진 활동을 통해 가격이 할인되었거나 부가적인 혜택을 받을 수 있어서 조금 더 많이 구매하거나 필요한 구매 시점이 아니라 할지라도 미리 구매하는 경우가 이에 해당한다. 이는 장기적인 캠페인 활동이 아닌 판매촉진에 의한 일시적인 판매증대 효과의 성격이 강하기 때문에 시장에서 잘 알려지지 않은 신상품보다는 기존 상품에 대한 비정기적인 판매촉진 활동으로 수행하는 것이 효과적이다.

(4) 시장규모 확대(Category Extension)

시장규모 확대에 의한 판매증대는 기업의 판매촉진 활동을 통하여 상품군에 대한 구매, 관심, 시용 등을 증대시켜 궁극적으로 상품군의 시장규모를 확대함으로써 판매를 증대시키는 것을 의미한다. 판매촉진 활동을 통한 시장규모의 확대는 다음과 같은 3가지 형태로 이루어진다.

ⓐ 새로운 구매기회를 창출함으로써 시장규모를 확대한다. 상품의 용도 및 기능 측면에서 서로 관련성이 큰 연관재들을 가까이 진열하거나 함께 포장(Near-Pack)을 하여 새로운 구매를 유도하는 것이다. 예를 들어 소형 청소기를 자동차 스테레오나 액세서리에 진열하거나, 주방용 세제와 티슈를 동시에 포장함으로써 소비자로 하여금 새로운 구매기회를 깨닫게 하고 구매가 촉진되도록 판매촉진을 하는 것이다.

이를 위해서는 자사 상품이 어떤 상품과 연관이 되어 있는가를 먼저 판단하여야 한다. 이는 소비자의 소비 행동이나 사용 행동 등을 파악하여야 알 수 있는데, 실제로 기업들이 소비자가 특정 상품과 함께 구매하는 상품들을 파악하는 장바구니 분석(Market Basket Analysis)을 수행한다. 장바구니 분석은 소비자가 구매하는 상품들의 장바구니를 살펴서 어떤 상품들이 함께 구매하는 경향이 강한지를 파악하는 것이다. 이 방법을 통하여 기업은 소매점에서의 상품진열을 자사 상품에 유리하도록 하는 디스플레이 활동에도 이용할 수 있다.

ⓑ 소비량이나 소비율을 증대시킴으로써 시장규모를 확대한다. 판매촉진 활동을 통해 평소 소비자의 소비량이나 소비율을 늘려 전체 시장규모를 확대함으로써 자사 상품의 판매를 증대시키는 것이다. 예를 들어 같은 가격에 상품을 하나 더 포장하

거나 양을 더 넣어서 포장하는 상품을 만들어 구매를 유도하는 보너스 팩이 있다. 이는 저관여 제품에 많이 사용하는 판매촉진 방법으로 소비자에게 가격할인의 효과가 있어 소비량을 증대시키는 행동을 유도하는 데 효과적이다. 또한 1+1 또는 2+1과 같이 하나 또는 두 개를 구매하면 한 개를 공짜로 주는 판매촉진을 이용하여 의도하지 않은 소비를 발생시키는 것, 즉 소비율을 증대시키는 판매촉진 방법도 있다. 이는 원래 소매점 재고관리 일환으로 사용하였던 것으로 상품의 유효기간이 얼마 남지 않았는데 재고가 많을 경우 재고처리를 위해 이용했던 방법이나 최근 시장의 불황으로 판매가 어려워지면서 기업들이 단기적인 판매증대를 위해 심심치 않게 이용하고 있다.

ⓒ 구매빈도를 증대시킴으로써 시장규모를 확대한다. 판매촉진 활동을 통하여 평소의 상품구매 기간을 짧게 함으로써 구매빈도를 증대시켜 그만큼 시장규모를 확대하여 판매를 증대시키는 것이다. 예를 들어 가전제품의 경우에 일반적으로 사용연한이 있어 상품의 재구매가 일정 기간 정해져 있는데, 신형 가전제품이 출시하면서 구매조건으로 구형의 가전제품을 일정한 금액으로 환불해주는 보상판매의 판매촉진 방법을 이용하여 소비자의 구매 기간을 단축할 수 있다.

| 목표 설정의 기본원칙 | 판매촉진은 다른 촉진수단들과 달리 단기적이고 소비자의 행동 지향적인 차별적인 특성이 있다. |

따라서 판매촉진의 목표는 다음과 같은 사항들을 고려하여 설정되어야 한다.

① 간단하고 함축적이고 분명해야 한다.

② 행동 지향적이어야 한다.

③ 판촉 기간이 명시되어야 한다.

④ 결과를 어떻게 측정할 것인가를 고려하여야 한다.

⑤ 기업의 인적·물적 자원 상태를 고려하여야 한다.

이러한 원칙에 따라 실제로 판매촉진의 목표가 설정된 예를 살펴보면 다음과 같다.

○ 6월 1일~6월 31일 1개월 동안 판매량 5% 증대

○ 3월 한 달 동안의 신제품 시장 출시 기간 중 상품
　 시용을 3,000건 달성

○ 판매원들의 동기부여를 통해 주문량 24% 증대

---

❹ 판매촉진 기본전략의 수립

시장 상황 및 외부환경 분석을 바탕으로 도출된 당면 문제 및 과제 해결을 위해 설정된 판매촉진의 목표를 달성하기 위해 판매촉진 활동전개의 기본적인 전략이 필요하다. 이 단계에서는 전개하고자 하는 판매촉진 활동의 기본과제와 그에 따른 구체적인 활동계획을 결정하여야 한다.

| 기본과제와 | 판매촉진의 목표를 달성하기 위한 판매촉진 활동의 |
| 활동계획 | 기본과제는 판매촉진 종류별로 차이를 보인다. |

소비자 대상의 소비자 판매촉진이냐, 도소매상 대상의 유통 판매촉진이냐, 판매사원 대상의 판매원 판매촉진이냐에 따라 수행하고자 하는 기본과제와 그에 따른 활동계획을 다르게 설정하여야 한다.

(1) 소비자 판매촉진의 기본과제

대부분의 판매촉진 활동을 차지하는 소비자 판매촉진은 기업이나 소매상이 최종 소비자를 대상으로 하는 판매촉진 활동으로 판매촉진을 기획할 때 다음과 같은 기본과제를 설정하여야 한다.

○ 신규 소비자의 유치
○ 현재 고객의 유지 또는 이탈 방지
○ 소비자의 구매량 또는 사용량 증대
○ 보다 높은 가격의 제품이나 다른 규격의 제품으로 유인
○ 신제품을 소개
○ 광고 및 홍보 등 다른 촉진활동을 보강

(2) 유통 판매촉진의 기본과제

유통 판매촉진은 도소매상을 대상으로 상품의 사입 물량을 증대시키기 위한 판매촉진 활동으로서 판매촉진을 기획할 때

다음과 같은 기본과제를 설정하여야 한다.

○ 특정 유통점의 개척

○ 유통물량의 증대

○ 진열, 전시 등 머천다이징 활동의 협조

○ 신제품의 출시

(3) 판매원 판매촉진의 기본과제

판매원 판매촉진은 기업의 영업사원이나 유통점의 판매사원을 대상으로 하는 판매촉진 활동으로서 판매촉진을 기획할 때 다음과 같은 기본과제를 설정하여야 한다.

○ 판매사원의 생산성과 사기 진작

○ 판매 노력을 최우선으로 하는 의식 및 자세의 고취

(4) 기본과제의 활동계획

판매촉진의 목표를 달성하기 위한 판매촉진 활동의 기본과제를 설정한 후 그 기본과제의 수행을 위해 요구되는 활동계획을 수립하여야 한다. 기본과제를 수행함에 있어 필요한 주요 활동은 크게 3가지 형태로써 매장 또는 점포 밖에서의 판매촉진에 대한 인지 활동, 매장 또는 점포 안에서의 소비자에 대한 동기부여 활동, 유통점의 협력촉구 및 종사자에 대한 설득 활동 등으로 구분된다.

실제로 기본과제를 효과적으로 수행하기 위한 활동계획은 전체 활동을 100%로 기준으로 하여 주요 활동별로 그 비중을 다음과 같은 형태로 계획한다.

○ 판매촉진 활동의 인지 활동: %

○ 매장 또는 점포 안에서의 소비자 동기부여 활동: %

○ 유통점의 협력촉구 및 종사자에 대한 설득 활동: %

| 전개의 전략적 판단요소 | 판매촉진의 목표 및 그에 따른 기본과제를 효과적으로 달성하기 위한 구체적인 활동계획을 수립하기에 앞서 우선 전략적으로 판단하여야 할 사항이 있다. |

이러한 전략적 판단은 2가지 측면에서 이루어져야 하는데, 판매촉진 전개의 수행 시기에 대한 판단과 판매촉진 활동의 강화 및 축소 여부에 대한 판단이다.

(1) 판매촉진 전개의 수행 시기

일부 특정 시장은 자사의 상품만이 존재하는 이른바 독점시장이 존재하기도 하지만 보통 시장은 자사 상품뿐만 아니라 경쟁상품들이 있기 때문에 소비자의 선택을 받고자 서로 치열하게 경쟁하고 있다. 만약 시장에 자사 상품만 존재하고 있다면 자사의 매출상황만을 고려하여 판매촉진 활동의 수행 여부 및 시기를 결정하면 된다. 하지만 경쟁상품들이 존재하는 시장에서는 경쟁사의 판매촉진 활동전개 여부와 연관하여 자사의 판매촉진 활동에 대한 수행 여부 및 시기에 대한 판단을 하여야 한다.

이와 관련하여 〈표 3〉을 살펴보면, 판매촉진 활동을 경쟁사가 수행하지 않을 때에 자사가 수행하는 경우에는 매우 높은 매출을 얻을 수 있으며, 반대로 판매촉진 활동을 경쟁사가 수행할 때 자사가 수행하지 않는 경우에는 평소보다 낮은 매출을 초래하며, 판매촉진 활동을 두 기업들이 동시에 같이 수행하는 경우에는 두 기업들 모두에서 평소 이상의 매출이 증가한다는 사실을 보여주고 있다.

〈표 3〉 경쟁사 관련 판매촉진 활동에 따른 매출 변화

		B사	
		판촉 활동전개	판촉 활동 비전개
A사	판매촉진 전개	평소 이상 성과(A사) 평소 이상 성과(B사)	높은 성과(A사) 낮은 성과(B사)
	판매촉진 비전개	낮은 성과(A사) 높은 성과(B사)	평소 성과(A사) 평소 성과(B사)

(자료: 정해동·박기철(2004), 『광고보다 빠른 세일즈 프로모션』, p79 참조)

다만 판매촉진 활동에 따른 매출의 크기는 각 기업의 판매촉진이 어느 정도 잘 기획되고 전개 활동이 얼마나 효과적으로 수행되는가에 따라 차이가 있을 수는 있다.

따라서 시장에 경쟁상품이 존재하는 경우에는 자사 상품의 판매촉진을 기획함에 있어 우선 경쟁제품의 판매촉진 여부를 고려하여야 한다.

(2) 판매촉진 활동의 강화 및 축소 여부

판매촉진을 기획할 때 판매촉진 활동의 정도를 현재 수준보다 강화해야 하는지, 아니면 축소해야 하는지에 대한 판단도 필요하다. 이에 대한 정확한 정답은 없으나 상품 및 상표와 상품군의 특성에 따라 결정하는 전통적 방법과 스토어 스캐너 데이터와 같은 사실 정보를 바탕으로 결정하는 방법이 있다. 실제로 대부분의 기업들은 판매촉진 활동의 강화 및 축소 여부에 대한 결정을 사실 정보들이 없다면 모를까 전통적인 방법으로만 결정하기보다는 2가지 방법을 다 이용하여 합리적으로 결정하고 있다.

① 전통적 방법
특정 상품이 본래 가지고 있는 제품특성, 현재 소비자가 인식하고 있는 자사의 상표특성, 특정 상품이 시장에서 판매되고 상황에 따른 제품군 특성 등을 고려하여 판매촉진 활동을 강화할 것인지 축소할 것인지를 판단하는 것이다.

ⓐ 제품특성에 의한 판단
판매촉진 활동을 하고자 하는 상품이 다음과 같은 제품특성을 보이는 경우에는 판매촉진 활동을 축소하기보다는 강화하는 것이 일반적이다.
- 식품, 세제류와 같이 가격에 민감한 경우
- 의류와 같이 충동구매의 경향이 큰 경우
- 저관여 제품으로서 구매 시 추가적인 정보가
  필요하지 않거나 구매 리스크를 작게 느끼는 경우
- 스낵과 같이 상표 충성도가 낮은 경우

ⓑ 상표특성에 의한 판단

판매촉진 활동을 하고자 하는 특정 상표가 시장에서 다음과
같은 특성으로 보이는 경우에는 판매촉진 활동을 축소하기보다
는 강화하는 것이 일반적이다.

○ 가전제품과 같이 상표들 간에 차별성이 적은 경우
○ 상표가 수평적 또는 수직적으로 제품 확장을 한 경우

ⓒ 제품군 특성에 의한 판단

판매촉진 활동을 하고자 하는 특정 상품이 속한 제품군 시장
이 다음과 같은 특성을 보이는 경우에는 판매촉진 활동을 축소
하기보다는 강화하는 것이 일반적이다.

○ 제품수명주기로 볼 때 우유나 발효유 등과 같이 성숙기에
  해당하는 경우
○ 경쟁이 치열한 시장에서 후발주자 상품의 경우
○ 판매가 계절적인 영향에 민감한 경우

② 사실 정보를 바탕으로 한 방법

〈그림 10〉은 마틴 블록(Martin Block)의 매트릭스에 근거
한 것으로 스토어 스캐너 데이터를 바탕으로 평소의 기본 판
매량과 판매촉진 활동에 의한 추가 판매량의 변동을 분석하여
마케팅 및 판매촉진 전략을 수립하는 방법이다. 판매촉진과 관
련하여서는 판매량 데이터 분석결과에 따라 기본 판매량이 증
가하거나 감소하는 경우와 추가 판매량이 증가하거나 감소하는
경우를 가지고 판매촉진 활동의 강화 및 축소 여부와 기본적
인 전략 방향을 설정할 수 있다.

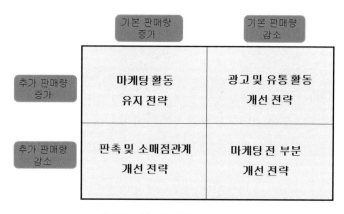

	기본 판매량 증가	기본 판매량 감소
추가 판매량 증가	마케팅 활동 유지 전략	광고 및 유통 활동 개선 전략
추가 판매량 감소	판촉 및 소매점관계 개선 전략	마케팅 전 부분 개선 전략

〈그림 10〉 마틴블록 매트릭스

ⓐ 마케팅 활동 유지 전략

평소의 기본 판매량과 판매촉진에 따른 추가 판매량이 모두 증가하는 상황으로 기업 입장에서는 가장 바람직한 상태라 할 수 있다. 이러한 경우에는 경쟁사의 활동에 특별히 신경을 쓸 필요가 없기 때문에 현재의 마케팅 및 판매촉진 전략 및 활동을 그대로 유지하여야 한다. 다만 필요하다면 상표를 보다 바람직한 방향으로 위치시키는 포지셔닝 전략 차원에서의 마케팅 전략 및 노력이 추가로 요구된다. 따라서 판매촉진 활동은 상표 포지셔닝(Brand Positioning) 전략의 일부로써 강화하는 것이 필요하다.

ⓑ 광고 및 유통 활동 개선 전략

평소의 기본 판매량은 감소하지만 판매촉진에 따른 추가 판매량은 증가하는 상황이다. 이는 대부분 판매촉진 활동을 너무 자주 정기적으로 수행하여 많은 소비자들이 판매촉진을 전개할 때만 상품을 구매하는 현상이 클 때 발생하는 상태라 할 수 있다. 이러한 경우에는 판매촉진 이외의 광고 활동이나 가격 및 유통 정책이나 활동에 대한 점검과 개선이 요구된다. 다시 말해서 마케팅 비용이 많이 들 수 있고 시간도 필요하지만 중장기적 측면에서 시장에서의 상표 경쟁력을 강화하기 위한 광고 활동의 증대와 함께 현재의 가격 및 유통 정책이나 활동에 대한 심각한 검토 및 개선이 필요하다. 판매촉진 측면에서는 기본적으로 축소할 필요가 있으며, 만약 현재 판매촉진 활동을 유지할 수밖에 없는 경우라면 가격할인 성격의 판매촉진 방법은 가능하면 줄이고 상표 경쟁력을 강화하는 판매촉진 방법으로 대체하는 것이 바람직하다.

ⓒ 판매촉진 및 소매점 관계 개선 전략

기본 판매량은 정상적으로 유지되거나 증가하지만 판매촉진 활동에 의한 추가 판매량은 감소하는 상황이다. 이는 근본적으로 판매촉진 기획 및 방법에 문제가 있는 것이 일반적이다. 이 경우에는 판매촉진 활동이 전체적으로 효과적인지를 점검하여야 하고, 판매촉진 활동이 소비자 접점에서 이루어지는 소매점들에 대한 지원이 제대로 이루어지고 있는지도 점검하는 것이 필요하다. 만약 판매촉진 전략에 문제가 있다면 현재 수행하고 있는 판매촉진 활동에 대한 축소와 더불어 새로운 판매촉진 전략을 수립하여 다른 판매촉진 방법으로 대체하여야 하며, 소매점 지원에 문제가 있다면 소매점과의 관계도 함께 개선하여야 한다.

ⓓ 마케팅 전 부분 개선 전략

기본 판매량도 감소하고 있고 판매촉진 활동에 의한 추가 판매량은 감소하는 상황으로서 기업의 입장에서는 총체적인 난국이라 할 수 있다. 이는 대부분 특정 상품에 대한 소비자의 기호나 태도 변화 등으로 인한 상품 자체에 근본적인 문제가 발생하였거나 시장에 자사에 비해 강력한 경쟁사가 출현한 경우에 많이 발생한다. 이러한 경우에는 제품에 대한 개선을 포함하여 전반적인 마케팅 전략을 재검토하여야 한다. 이에 따라 판매촉진 활동도 새로운 마케팅 전략이 수립될 때까지 일정 기간 축소할 필요가 있다.

❺ 판매촉진 표적집단의 선정

시장 상황 및 외부환경 분석을 바탕으로 기획하고자 하는 판매촉진 활동을 어떤 소비자들을 대상으로 전개할 것인가, 즉 표적집단(Target Group)을 선정하는 단계이다. 일반적으로 기업들은 어떤 상품이든 전체 소비자를 대상으로 하기보다는 그 상품을 제일 많이 구매하거나 구매할 가능성이 큰 소비자들을 선별하여 표적집단을 선정한 후에 촉진활동을 하고 있다는 점에서 표적집단의 선정은 판매촉진 기획에 있어서 중요한 작업이라 할 수 있다.

표적집단의 선정	판매촉진의 표적집단이란 판매촉진 활동을 전개함에 있어 대상이 되는 '특정 소비자 집단군'이라고 정의된다.

특정 상품이 시장을 독점하고 있지 않다면 그 상품을 모든 소비자들이 구매하는 것은 아니기 때문에 전체시장 중에서 표적집단을 구별하여야 한다.

그렇다면 전체시장에서 표적집단을 구별하는 이유는 무엇일까? 오늘날 수많은 상품들이 난무하는 치열한 경쟁 시장 하에서 시장을 완전히 독점하는 상품은 거의 존재하지 않는다. 대부분의 시장은 특정 상품이 속한 상품군에서 수 개 혹은 수십 개의 경쟁상품들과 판매 경쟁을 벌이고 있다. 이런 상황에서 상품을 구매하고 사용하는 소비자의 유형도 각각의 상품에 따라 세분되어 있으며, 세분화의 정도가 최근 들어서는 소비자 기호의 다양화로 인해 더 커지고 있다.

따라서 기업은 판매촉진을 기획하기에 앞서 자사 상품을 어떤 표적집단에 전개할 것인가를 결정해야 한다. 이는 자사 상품이 속한 시장을 세분하여 경쟁상품들보다 유리한 위치에서 소비자의 욕구를 충족시킬 수 있는 특정의 표적집단을 선정하여야 한다는 것을 의미한다. 이를 위해서는 자사 상품의 소비자를 이해하는 것이 무엇보다 중요한 일로서 두 가지 방향에서 노력이 이루어지고 있다. 첫 번째는 자사 상품의 표적집단 소비자들을 인구 통계적, 심리적, 행동적 등의 요인으로 특징화하고, 두 번째는 그렇게 특징화된 표적집단 소비자들을 마케팅 프로모션 전략에 맞게 분류하고 있다.

<table>
<tr><td>소비자의
분류기준</td><td>판매촉진을 포함하여 촉진활동에서 일반적으로 자
사 상품의 표적집단 소비자들을 분류하는 기준은
다음과 같다.</td></tr>
</table>

(1) 인구 통계적(Demographic) 특성에 의한 분류

성별, 연령별, 소득수준별, 학력별, 거주 지역별, 거주형태별 등 인구 통계적 특성을 기준으로 표적집단 소비자들을 구분하는 것이다. 이 방법에 의해 표적집단 소비자들의 특성을 구분하는 것이 편리하기는 하나, 소비자들의 가치관이나 취향이 점점 더 다양화되고 있는 상황에서는 표적 시장의 소비자들을 정확히 구분하는 데 한계가 있다. 이에 따라 최근에는 인구 통계적 특성을 기본으로 하면서 추가적인 특성을 가미하여 표적 시장의 소비자들을 구분하는 경우가 많아지고 있다.

(2) 라이프스타일(Lifestyle)에 의한 분류

소비자의 라이프스타일을 기준으로 구분하는 것으로 패션상품의 경우에서 주로 이용되고 있다. 라이프스타일이란 사람이 살아가는 방식(a way of life)을 의미하는 것으로 개인의 행동(activity), 관심(interest), 의견(opinion)과 관련된 측면에서 측정한다. 라이프스타일로 구분된 각 집단에 속하는 소비자들은 그들의 활동, 관심, 의견 등에서 유사성이 있을 뿐만 아니라 상품에 대한 선호 경향도 유사성이 큰 것으로 예측된다. 보통 라이프스타일을 표적집단의 소비자 분류기준으로 이용할 경우에는 규모를 수치화하기 어렵기 때문에 인구 통계적 특성과 함께 이용한다.

(3) 상품의 구매 및 사용행태에 의한 분류

시장에서 실제로 일어나는 소비자 행동의 특성을 기준으로 구분하는 것이다. 이에 따라 특정 상품에 대한 구매량, 구매 시기, 구매장소 등과 같은 소비자의 구매행태나 사용량, 주 사용자, 사용장소 등과 같은 소비자의 사용행태를 기준으로 표적집단의 소비자들을 구분한다. 이 방법은 판매현장에서의 소비자 분류에 주로 이용되는 것으로 판매촉진을 기획하는 데에도 중요한 소비자의 분류기준이 되고 있다.

이상에서 설명한 소비자의 분류방법들은 시장에서 판매되고 있는 기존 상품에 대한 판매촉진 측면의 소비자 분류방식으로 시장에 처음 출시하는 신상품의 경우에는 적용되지 않는다. 신상품의 경우에는 소비자 개개인의 수용도에 따라 소비자를 분류할 필요가 있다. 이에 따라 로저스(1983)의 신상품 수용도에 따른 소비자의 분류를 소개하면, 신상품을 수용하는 시점에 따라 〈그림 11〉과 같이 소비자를 5개의 범주로 구분하고 각 범주에 해당하는 소비자들의 수를 정규분포의 표준편차 비율에 따라 할당하였다.

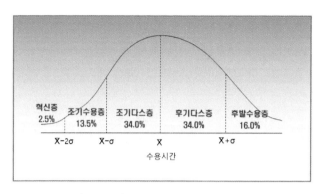

<그림 11> 신상품 수용계층의 분포

(자료: 송용섭·김형순(1999), 『New 마케팅』, 문영사, p356 참조)

① 혁신층(innovators)

혁신층은 모험심이 강한 소비자들로 전체시장의 약 2.5%를 차지하는 소비자로서 누구보다 앞서 새로운 것을 받아들이는 계층을 말한다. 특성은 연령별로는 대체로 젊은 층이고 사회계층으로는 높은 사회적 신분을 가지고 있으며 소득수준은 높고 외향적 성격을 지녀 광범위한 대인관계를 가지고 있다. 이 계층에 속한 소비자들은 위험을 무릅쓰고 신상품에 대해 매우 높은 수용도를 보인다. 기업의 촉진활동에 있어서는 인적 판매원이나 구전 광고보다는 홍보 활동의 영향을 많이 받는다.

② 조기 수용층(early adapters)

조기 수용층은 전체시장의 13.5%를 차지하는 소비자들로서 지배적인 가치관이 '존경심'을 중시하고 그 사회의 '의견 선도자(opinion leader)'의 지위를 누리며 새로운 신상품을 조기에 수용하지만 혁신층에 비해 선별적으로 수용하는 특징을 보인다. 이 계층의 소비자들은 보통 그 지역사회에서 존경받는 존재이기 때문에 특히 혁신적 특성의 신상품 경우에는 이들의 수용 여부에 따라 성공적인 시장 확산이 좌우된다. 기업의 촉진활동에 있어서는 인적 판매원의 영향을 많이 받는다.

③ 조기 다수층(early majority)

조기 다수층은 전체시장의 34%를 차지하는 소비자들로서 일반 소비자들 중에 일부가 이에 해당한다. 즉 신상품의 수용에 있어 신중성을 기하며 일반 대중이 받아들이기 전에 수용하는 여론 선도자 역할의 조기 수용층의 영향을 많이 받는다. 기업의 촉진활동에 있어서는 인적 판매원과 함께 광고에 의한 영향을 많이 받는다.

④ 후기 다수층(late majority)

후기 다수층은 조기 다수층과 유사하게 전체시장의 34%를 차지하는 일반 소비자들 중 일부로 비교적 회의적인 성격의 특성을 보여 일반적으로 경제적 필요성이나 동료들 사이에서 느끼는 사회적 압력에 의해서만 새로운 신상품을 수용하는 경향을 보인다. 기업의 촉진활동에 있어서는 인적판매나 광고의 영향이 적고 주로 주변인들의 구전활동에 의한 영향을 많이 받는다.

⑤ 후발 수용층(laggards)

후발 수용층은 전체시장의 16%에 해당하는 소비자들로서 전통지향적인 특성을 보여 새로운 신상품에 대해 가장 마지막으로 수용하는 집단을 말한다. 따라서 이 계층의 소비자들이 수용할 시기에는 보통 그 상품이 유행에서 사라지는 경우가 많다. 이 계층의 소비자들은 노인층이나 사회경제적 지위가 낮은 사람들이 대부분이기 때문에 기업의 촉진활동에 있어서는 주로 가격할인 성격의 판매촉진 활동의 영향을 많이 받는다.

❻ 판매촉진 수행방법의 계획

표적집단 소비자들에게 판매촉진 제안을 어떻게 효율적이고 효과적으로 수행할 것인가를 계획하는 단계로서 판매촉진의 구체적인 수행방법들을 정해야 한다.

판매촉진 수행방법의 계획은 활동에 소요되는 예산과 전개기간 및 장소와 연관되어 있어 종합적으로 판단하여 계획하여야 한다. 다시 말해서 판매촉진 예산이 정해져 있는 경우에 예산 범위를 고려하여 판매촉진 활동의 전개 기간과 장소를 계획하고, 판매촉진의 방법은 예산 범위와 정해진 전개 기간 및 장소를 고려하여 계획하여야 한다.

판매촉진의 수행방법은 판매촉진의 전개 대상을 누구로 하는가에 따라 소비자 판매촉진 방법과 유통 판매촉진 방법으로 구분된다.

소비자 판매촉진 방법	소비자를 전개 대상으로 하는 소비자 판매촉진에는 여러 가지 방법들이 이용되고 있다.

최근에 시장 상황이 어려워지면서 새로운 판매촉진 방법들이 계속 생기고 있는데, 현재까지 이용되고 있는 소비자 판매촉진의 방법들을 살펴보면 소비자에게 제공하는 혜택이나 기업이 달성하고자 하는 수행목적에 따라 〈그림 12〉와 같이 구분된다.

〈그림 12〉 소비자 판매촉진 방법

(1) 쿠폰(Coupon)

쿠폰이란 간단히 말해서 소비자에게 어떤 가치를 제공한다는 사실을 알리고 증명하는 것으로 소비자들에게 배포하여 상품의 판매를 증대시키는 판매촉진 방법이다. 쿠폰의 판매촉진 방법은 다음과 같은 이점을 갖고 있다. 첫째는 상품 구매할 때 소비자들에게 직접 혜택이 돌아간다. 둘째는 소비자들은 쿠폰의 혜택을 한시적인 혜택으로 생각하기 때문에 구매를 서두르게 되어 일시적 판매증대에 효과적이다. 셋째는 쿠폰의 혜택이 주로 소매점에서 상품을 구매할 때 주어지기 때문에 기업의 입장에서는 소매점으로 상품의 출하량을 늘릴 수 있다.

(https://search.naver.com/search.naver?where=image&sm=t
ab_jum&query=%EC%BF%A0%ED%8F%B0)

쿠폰을 배포하는 방법은 최근에 여러 가지 방법들이 계속 개발되고 있는 상황에서 지금까지 이용되고 있는 방법들을 정리해 보면 다음과 같다.

ⓐ DM(Direct Mail) 발송
우편을 통하여 쿠폰을 소비자의 집으로 직접 보내는 방법으로 기업이나 상점이 보유하고 있는 고객 데이터베이스를 이용하여 보내는 방식과 DM 전문회사를 통하여 대행 수수료를 지불하고 보내는 방식이 있다.

발송하는 방법은 하나의 기업이나 상점이 자신의 쿠폰 하나만을 단독적으로 보내는 방법(Solo coupon)과 여러 기업이나 상점들이 협동하여 여러 가지 쿠폰을 함께 보내는 방법(Co-op coupon)이 있다. Solo coupon의 경우는 자신의 쿠폰만을 보내는 것이 여러 가지 쿠폰을 보내는 것보다 회수율이 높기 때문에 신제품을 소개하는 경우에 더 효과적이라고 알려져 있다. 반면에 Co-op coupon의 경우에는 상대적으로 비용이 싸게 든다는 점에서 장점이 있다. 다만 경쟁대상이 아니면서 표적 소비자들이 동일한 기업이나 상점들과 함께하여야 한다는 점을 유념해야 한다.

ⓑ 소매점에서 배포

상품을 판매하는 소매점 안팎에서 소비자에게 직접 쿠폰을 배포하는 방법으로 소매점 밖에서 배포하는 경우에는 소매점 근처에서 배포하거나 다른 곳의 길거리에서 배포할 수 있다.

최근에는 계산대에서 쿠폰이 자동으로 발행되는 방법이 개발되어 이용되고 있다. 계산대에서 소비자가 구매한 상품의 바코드를 스캐너로 읽으면 가격이 자동으로 합산되면서 어떤 상품을 구매하였는지를 알 수 있기 때문에 쿠폰 판매촉진의 연계상품의 경우에는 계산기 옆에 위치한 쿠폰 발행기에서 쿠폰이 발행되도록 하고 있다. 이 방법은 소비자들에게 혜택을 부여하여 판매를 증대시킬 수 있을 뿐만 아니라 기업의 경우에는 수행하고자 하는 판매촉진 활동에 소매점의 협력을 얻거나 끌어들이는 데 매우 효과적이다.

ⓒ 인쇄 매체 및 온라인을 통한 배포

신문이나 잡지와 같은 인쇄 매체를 이용하여 배포하는 방법으로 동시에 많은 소비자들에게 배포할 수 있기 때문에 과거에 가장 많이 이용해온 대표적인 방법이다. 구체적인 배포 방법들을 살펴보면, 첫 번째는 신문이나 잡지에 인쇄된 쿠폰 전단을 넣어 배포하는 방법이 있고, 두 번째는 신문이나 잡지 광고 안에 쿠폰을 포함시키는 방법이 있으며, 세 번째는 쿠폰 내용을 신문이나 잡지 광고에 제시하고 소비자가 이름과 주소를 보내면 쿠폰을 우편으로 보내 주는 방법이 있다.

최근에는 각 가정에서 오프라인 인쇄 매체의 구독이 줄어들면서 인터넷이나 스마트폰 등 온라인을 통해 쿠폰을 배포하는 방법이 기존의 인쇄 매체를 통해 배포하는 방법을 빠르게 대체하고 있다. 인터넷의 경우에는 인터넷 쇼핑몰이나 전문사이트, 해당 상품사이트 등에 쿠폰을 올리고 관심이 있는 소비자들이 이를 프린트하여 사용하는 형태로 많이 이루어지고 있다. 스마트폰의 경우에는 다이렉트 마케팅 차원에서 SNS를 이용하여 표적 소비자들에게 쿠폰을 배포하는 방법으로 그 이용이 매우 급속히 증가하고 있는 상황이다.

ⓓ 상품 포장을 이용한 배포

특정 상품을 선택한 소비자를 대상으로 쿠폰을 배포하는 것으로 다음과 같은 방법을 통하여 배포한다. 첫 번째는 상품 안에 넣는 방법으로 미리 쿠폰을 인쇄하여 구매하는 해당 상품 안이나 다른 상품 안에 넣는 것이고, 두 번째는 상품의 포장에 붙이는 방법으로 인쇄된 쿠폰을 포장에 붙이거나 레벨 자체에 쿠폰을 인쇄하는 것이다.

두 가지 방법 모두 기존 고객들에게 반복구매를 유도하는 방법으로 유용하며, 다른 방법들에 비해 배포 비용이 저렴하고 비교적 회수율이 높다는 장점이 있다. 반면에 상품이 다 팔릴 때까지 판매촉진 기간이 늘어진다는 단점이 있다. 다만 두 번째 방법 중에서 쿠폰을 포장에 붙이는 경우에는 판촉 기간 동안에만 쿠폰을 붙여 두고 판매촉진 기간이 끝나면 떼어낼 수 있기 때문에 상대적으로 판매촉진 기간이 늘어지는 것을 방지할 수 있다. 이와 함께 해당 상품이 아닌 다른 상품을 이용하여 쿠폰을 부착하는 방법은 서로 함께 구매되는 경향이 큰 상품들끼리 쿠폰을 이용하면 쿠폰을 부착한 상품의 구매 및 사용과 함께 쿠폰을 제공하는 상품을 구매할 확률을 동시에 높일 수 있다.

ⓔ 소매점 광고를 이용한 배포

쿠폰을 소매점 광고의 DM을 통하여 배포하는 방법으로 제조회사가 소매점 대상 판매촉진 활동의 한 형태로 이용되고 있다. 따라서 제조회사가 쿠폰 비용을 포함하여 판매촉진 비용을 모두 부담해야 하는 단점은 있으나 소매점과 협동할 수 있기 때문에 소매점과 소비자 모두를 대상으로 판매촉진을 수행할 수 있다는 장점이 있다.

(2) 보너스 팩(Bonus Pack)

상품 여러 개를 함께 포장하거나 상품의 내용물을 증가시키는 형태로서 낱개나 정상적인 내용물의 상품을 구매하는 것보다 가격을 저렴하게 하여 소비자들로 하여금 특매품의 기분이 들도록 하여 판매를 증대시키는 판매촉진 방법이다.

(https://search.naver.com/search.naver?where=image&sm=tab_jum&query=%EB%B3%B4%EB%84%88%EC%8A%A4%ED%8C%A9)

보너스 팩은 일반적으로 라면, 스낵, 음료나 아기 기저귀 등과 같은 가격이 비교적 저렴하고 소비가 빨라 회전율이 높은 상품에서 많이 이용한다. 보너스 팩의 판매촉진 상품은 보통 부피가 커져 기존 상품에 비해 포장에 들어가는 '보너스' 또는 '무료' 등의 판매촉진의 판매 메시지가 부각되기 때문에 구매 시점에서 소비자들의 주의를 끌고 구매로 연결되는 효과가 크다.

또한 보너스 팩은 현재 소비자들에게 같은 가격대에 보너스 상품을 추가로 주는 혜택을 주는 의미도 있지만 상품의 사용 기간을 연장하는 전략도 숨어있다. 즉 보너스 팩 상품을 구매하면 구매량이 많기 때문에 그 상품의 평균적인 사용 기간보다 길어진다는 점을 이용하여 경쟁상품이 판매촉진 활동을 할 것이라고 예상되는 시점에 소비자들로 하여금 자사 상품을 계속 사용하게 함으로써 경쟁사의 판매촉진 활동 효과를 반감시킬 수 있다는 것이다.

보너스 팩의 판매촉진 방법은 제조회사의 관점에서 볼 때 보너스 상품이 포장되어 있기 때문에 보너스로 제공되는 혜택이 소매상으로 흡수되는 경우가 생기지 않고 소비자에게 직접 전달된다는 장점이 있다. 반면에 상품의 부피가 커지기 때문에 진열공간이 늘어나게 되어 소매상들이 기피하는 현상이 있을 수도 있고, 이로 인한 소매상 지원의 추가적인 관리운영비가 증가하는 단점도 있을 수 있다.

(3) 오프라벨(Off Label)

원래 오프라벨의 의미는 패션의류 상품에서 유래한 용어로서 계절이 지난 상품에 대해 라벨을 제거하고 원래 가격보다 훨씬 저렴한 가격으로 판매한다는 뜻이다. 하지만 요즘은 총칭하여 가격할인(Price off)의 뜻으로 확장되어 이용되고 있다. 구체적인 개념은 한정된 수량의 상품에 대해서 특별하게 가격을 할인해 줌으로써 상품에 대한 구매의욕을 자극하기 위해 이용하는 판매촉진 방법으로 정의되고 있다.

오프라벨은 가격변동에 대한 수요탄력성4)이 큰 생활용품 등 소비재에서 많이 이용되는 판매촉진 방법으로서 빠른 판매 효과로 인해 대형 유통점의 일반적인 가격세일 형태로 이용되고 있다. 우리나라의 경우에는 특히 TV 쇼핑몰과 인터넷 쇼핑몰에서 매출증대를 위한 일반적인 판매방식으로 이용하고 있다.

하지만 제조회사의 관점에서 볼 때 오프라벨의 판매촉진 방법을 이용할 때 어느 정도로 할인하여 가격을 책정할 것인가에 대한 신중한 판단이 필요하다. 우선 판매마진과 손익분기점을 고려하여 할인 가격을 결정하여야 한다. 이를 위하여 제조회사나 유통업자는 가격이 올라가면 구매는 적어지고 가격이 내려가면 구매가 올라가는 수요의 변화를 보여주는 가격에 따른 수요곡선을 알아내야 한다. 수요곡선은 과거 분기별 또는 연간 판매변동과 같은 전통적인 방법으로 얻어진 자료로는 알

---

4) 수요탄력성이란 가격변동 대비 수요의 변동 정도를 보여주는 것이다.

아내기 어려우나, 스캐너 데이터를 통해 얻어지는 판매자료를 이용하면 쉽게 파악할 수 있다. 스캐너 데이터를 통해 얻어지는 판매자료는 하루 단위, 주간 단위, 월간 단위로나 소매점 단위로 판매 추이나 변동을 얼마든지 분석할 수 있다. 또한 판매촉진 활동이 있었을 때의 판매량과 없었을 때의 판매량 비교도 가능하기 때문에 가격과 판매량의 변화에 따른 수요곡선을 합리적으로 예측할 수 있다. 이렇게 예측된 수요곡선을 바탕으로 판매촉진 기획자는 판매촉진을 위한 할인 가격을 합리적으로 결정하여야 한다.

이와 함께 마케팅 관리 측면에서 볼 때 판매량도 중요하지만 가격 변화에 따른 이익도 중요할 수 있기 때문에 가격에 따른 손익도 고려하여야 한다. 따라서 손익분기점 분석에 의해 가격에 따른 총비용, 매출액과 이익 정도를 파악하여 적절한 할인 가격을 결정하여야 한다.

☞ 〈보너스 TIP〉 손익분기점 분석

손익분기점 분석은 판매가격 변동에 따라 어느 정도의 매출액 및 매출 수량과 이익 수준이 발생하는지를 분석함으로써 상품의 단위당 판매가격을 결정하는 데 이용되는 분석이다.

비용은 고정비용과 변동비용으로 구분되는데 고정비용은 판매량의 변화와 관계없이 일정하게 들어가는 비용이고, 변동비용은 판매량의 변화와 연동하여 증감되는 비용을 말한다. 이익은 판매 수량에 따른 매출액에서 총비용을 차감한 부분이다. 이에 따라 손익분기점이란 매출액과 총비용이 같아지는 지점, 즉 이익이 제로가 되는 점을 말한다.

따라서 상품의 단위당 가격은 매출액과 총비용에 따른 적절한 이익 수준을 고려하여 책정될 수 있다.

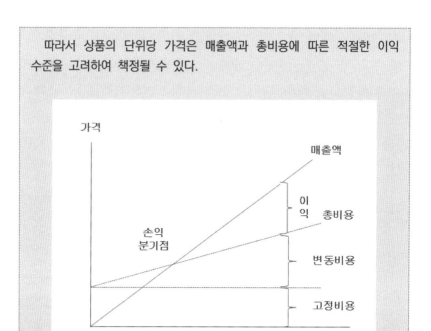

(4) 리펀드(Refund)

상품구매에 대한 증거물을 제시하면 상품 구매금액의 일부를 환불해 줌으로써 소비자의 구매의욕을 자극하여 판매를 증대시키는 판매촉진 방법이다. 이는 리베이트와 비슷한 개념으로 상품을 구매할 경우에 정해진 일정액을 환불해 주는 방식이다.

(https://search.naver.com/search.naver?where=image&sm=
tab_jum&query=%EB%A6%AC%ED%8E%80%EB%93%9C)

리펀드는 인센티브의 한 형태로서 단순하게 할인 쿠폰을 제공하는 것과는 두 가지의 차이점이 있다. 첫째는 상품구매에 따른 증명이 필요하고, 둘째는 그 구매 증명이 일정 기간 동안 판매촉진을 전개하는 기업에 보내져야 한다는 것이다. 이러한 소비자의 번거로운 행위를 요구하기 때문에 리펀드는 최근까지만 해도 고가 전자제품에서 매우 관심을 끌던 판매촉진 방법이었지만 할인 쿠폰의 대체 이용으로 점차 그 이용이 줄어들고 있다.

지금까지 리펀드의 판매촉진 방법은 다음과 같이 4가지의 목적에서 주로 이용하고 있다.

○ 특정 기간 상품의 일정한 수준 구매를 유도
○ 특정 기간 상품의 반복적인 구매를 유도
○ 판매가 잘되는 상품을 통해 리펀드를 이용하여 판매가 부진한 상품의 판매를 유도
○ 신상품의 시용 구매를 유도

(5) 시용 팩(Trial Pack)

상품의 시용 구매를 형성하기 위해 통상적인 크기보다 작은 소량의 특별 패키지를 제작하여 할인된 가격으로 상품을 처음 구매하는 소비자들에게 구매 리스크를 줄여주기 위해 이용하는 판매촉진 방법이다. 시용 팩은 보통 상품 가격의 일부를 판매촉진 상품을 구매한 소비자들이 부담하는 유료 샘플링 방법으로서 새로운 신규고객을 획득하는 목적으로 이용한다.

(https://search.naver.com/search.naver?where=image&sm=tab_jum&query=%EA%B1%B4%EA%B0%95%EC%8B%9D%ED%92%88)

시용 팩은 중고가 건강식품이나 기능성 신상품의 경우에서 시용 구매를 유도하는 판매촉진 방법으로 많이 이용되고 있다. 이 방법의 판매촉진 효과를 크게 내기 위해서는 소비자들에게 소매점 내 매장에서의 강한 인상과 설득이 필요하다. 이에 따라 시용 팩의 판매촉진 상품에 대한 특별진열이나 상품설명의

POP물 제공과 판매사원의 권매를 위한 인센티브 제공 등과 같은 소매점에 대한 판매촉진 방법들과 함께 전개하는 것이 효과적이라고 할 수 있다.

(6) 대매출 이벤트(Dealing Event)

상품의 수요에 따른 특정한 시기에 맞추어 대대적인 이벤트 행사를 수행함으로써 상품에 대한 구매의욕을 자극하기 위해 이용하는 판매촉진 방법이다.

(https://search.naver.com/search.naver?where=image&sm=tab_jum&q uery=%EC%9D%B4%EB%B2%A4%ED%8A%B8%EC%84%B8%EC%9D%BC)

일반적으로 이벤트는 기간, 장소, 대상을 제한하고 공통의 목적에 따라 수행되는 행사의 개념을 가지고 있다. 최근 다양한 이벤트들이 지역 및 계절별로 개최되면서 기업들이 이벤트를 판매촉진과 연계하여 많이 이용하고 있다. 이 방법은 대부분 기업의 상품매출을 직접적인 목적으로 하지 않고 사회적 이슈나 행사 등을 테마로 하고 협찬이나 후원 형태로 판매촉진 활동을 하므로 소비자의 관심을 끄는 데 장점이 있다.

전개 형태는 소비자의 수요가 많은 시기에 판매량 확대를 위해 실시하는 형태와 시즌이 끝났을 때 재고 상품의 조절을 위해 실시하는 형태로 나눌 수 있다. 최근에는 매일 일정 시간 또는 매주, 매월의 일정한 날에 정기적으로 실시하는 형태도 있으나, 이는 판매촉진 활동이라기보다는 소비자를 위한 서비스 일환으로 보아야 할 것이다.

기업의 판매촉진과 연계되어 수행되는 이벤트들을 유형별로 살펴보면 다음과 같이 5가지로 구분된다.

- ○ 향토성 이벤트

  고향 축제, 향토 예능 축제, 재래시장 및 장터, 특산물 전시판매회 등과 같이 지역의 특성을 연계하여 진행하는 이벤트

- ○ 사회성 이벤트

  자선 바자회, 불우이웃돕기 행사 등과 같이 사회적 이슈나 관심 사항과 연계하여 진행하는 이벤트

- ○ 문화성 이벤트

  각종 전시회, 강습회, 강연회, 전람회, 유명인 사인회, 마라톤 대회 등과 같이 문화적 행사들과 연계하여 진행하는 이벤트

- ○ 오락성 이벤트

  향토 노래자랑, 패션쇼, 자동차 레이싱 대회 등과 같이 오락적 행사들과 연계하여 진행하는 이벤트

- ○ 계절성 이벤트

  단풍축제와 같은 계절 축제, 여름철 바캉스 축제,

연말연시 축제, 각종 기념일 축제 등 계절적
행사들과 연계하여 진행하는 이벤트

(7) 샘플링(Sampling)

상품의 견본 제품을 별도로 만들어 소비자들에게 무료로 제
공하여 사용하게 함으로써 본 상품에 대한 구매의욕을 자극하
기 위해 이용하는 판매촉진 방법이다. 견본 제품은 소비자들에
게 직접 사용하게 하여 실제 상품의 특징이나 이점을 이해시
키기 위해 보통은 본 상품보다 작은 크기로 제작한다.

(https://search.naver.com/search.naver?where=image&sm=tab_
jum&query=%EC%83%98%ED%94%8C%EB%A7%81)

샘플링은 상품의 존재나 사용 필요성을 인지하지 못하는 신
상품에 있어서 새로운 고객을 획득하는 데 가장 효과적인 판
매촉진 방법이다. 이 방법은 소비자들에게는 상품의 첫 구매에
대한 부담을 줄여주며, 기업에는 자사 상품이 소비자들에게 어

떻게 받아들여질지 걱정이 되는 상황에서 본격적인 마케팅 및 촉진 활동을 수행하는 데 드는 막대한 비용의 부담을 감소시켜주는 장점이 있다. 그러나 샘플링을 이용한 판매촉진은 무료로 제공되어 수익은 없이 적지 않은 비용만 소요되기 때문에 표적집단의 소비자들에게 정확히 도달되도록 하여 효과를 극대화하는 고민이 필요하다.

따라서 판매촉진 대상 상품의 샘플을 어떻게 배포할 것인가 하는 배포 방법이 중요하다. 일반적으로는 화장품에서 많이 이용되는 배포 방법들로서 샘플을 소비자에게 직접 발송하는 방법, 판매원이 직접 가정을 방문하여 전달하는 방법, 쇼핑센터나 백화점, 극장 등과 같이 사람이 많이 몰리는 곳에 장소를 마련하여 배포하는 방법, 해당 상품이 팔리는 소매점이나 매장에 비치하여 제공하는 방법 등이 있다.

샘플의 배포 방법은 판매촉진 대상 상품의 특징이나 시장에 따라 선택하여야 하는데, 최근에는 스마트폰 SNS를 이용하여 샘플을 신청하게 하여 배포하는 방법이 도입되어 젊은 층 대상으로 많이 이용되고 있다.

(8) 모니터링(Monitoring)

소비자가 상품을 구매하여 사용한 후 소감문이나 앙케이트 조사의 답변을 제출하게 함으로써 소비자의 구매의욕을 자극하여 판매를 증대시키는 판매촉진 방법이다.

모니터링 판매촉진은 주로 고가의 전문품이나 내구 소비재에서 많이 이용되는 방법이다. 모니터링의 이용목적은 단순히 상품을 시용하게 하는 데 있기보다는 고객이 직접 소비하게 하여 상품의 판매 제안점을 충분히 납득하게 함으로써 재 구매를 유도하는 데 있다. 이 방법은 대부분 광고 지원 프로모션 형태로 많이 이용되는데, 소비자에게는 자사의 상품을 장기간 사용 및 소비하게 하여 경쟁상품과 비교해 판매 제안점을 자세히 인지할 수 있는 기회를 제공할 수 있다는 장점이 있다. 이와 함께 기업에는 판매촉진의 판매증대 효과 이외에 소비자들의 살아있는 정보를 효과적으로 수집하여 활용할 수 있게 해 준다.

(9) 데몬스트레이션(Demonstration)

상품을 실제로 전시하거나 설명, 안내 등의 프레젠테이션 기법을 이용한 실증이나 실연을 통해서 상품의 우위성을 납득시켜 소비자의 구매의욕을 자극하여 판매를 증대시키는 판매촉진 방법이다. 이 방법은 실연판매의 형태로써 시각적 효과를 노리는 판매촉진 방법으로 주목받고 있다.

(https://blog.naver.com/teggunvf/221579736089;
https://blog.naver.com/mauve20/221298222008)

데몬스트레이션은 주로 기능성 생활용품 및 식품과 전자제품, 자동차 등과 같은 전문품에서 신상품을 출시할 때 많이 이용되고 있다. 데몬스트레이션은 단순한 상품 전시 및 시용도 중요하지만 상품에 대한 충분한 이해를 돕기 위한 프레젠테이션이 필수적이다. 이에 따라 상품에 대한 전문적인 지식이나 교육과정을 수료한 사람을 통하여 지루하지 않게 자세하고 즐겁게 상품을 소개하는 이벤트 형태로 진행되어야 한다. 최근에는 모터쇼, 가전 박람회, 산업 견본시 등과 같은 전시 이벤트에서 보여주듯이 첨단의 영상 및 음향 기자재를 이용하여 고객들에게 자세한 정보를 흥미 있게 상품을 설명하는 다양한 프레젠테이션 기법들이 개발되어 이용되고 있다.

(10) 프리미엄(Premium)

상품의 구매와 관련하여 특별한 경품이나 가시적인 보상을 제시함으로써 소비자들의 구매의욕을 자극하여 판매를 증대시키는 판매촉진 방법이다. 프리미엄은 소비자들에게 구매에 따른 보상심리를 이용하여 구매태도 변화에 영향을 주어 구매행동을 직접 자극하는 판매촉진 방법으로 많이 이용되고 있다.

프리미엄 방법은 고객을 집중적으로 관리함으로써 효과적으로 고객을 유지하려는 관계 마케팅(relationship marketing)의 일환으로 이용되고 있다. 예로 백화점에서 일정 금액 이상의 상품을 구매하는 고객에게 상품권을 제공하는 형태로 이용되고 있으며, 일반 기업의 경우에는 자사 상품을 구매하는 고객들에게 특정의 부가적인 경품을 제공하는 형태로 이용되고 있다.

(https://search.naver.com/search.naver?where=image&sm=tab_jum
&query=%ED%94%84%EB%A6%AC%EB%AF%B8%EC%97%84+%ED%8C
%90%EC%B4%89)

현재 이용되고 있는 프리미엄 판매촉진의 형태들을 살펴보면 다음과 같다.

○ 온 팩 프리미엄(on-pack premium)

상품 패키지에 특정의 경품을 직접 부착시키는 방식으로 상품을 구매하는 고객들은 가시적으로 경품을 직접 확인할 수 있어 구매의욕을 자극하는 데 보다 효과적이다.

○ 인 팩 프리미엄(in-pack premium)

상품 패키지 안에 특정의 경품을 넣어 상품을 구매하는 고객으로 하여금 기대감 및 호기심을 자극하여 구매의욕을 자극하는 방식으로 경품의 내용이 무엇인지 확인할 수 없다는 단점이 있으나 경품을 상품 안에 넣기 때문에 기존 상품과 크기가 동일하여 매장에서 추가 진열공간이 필요가 없어 유통점에서의 협조가 쉽다.

○ 니어 팩 프리미엄(near-pack premium)

경품을 상품 패키지와 일체화시키지 않고 해당 상품의 가까운 장소에 배치하여 상품을 구매하는 고객들에게 제공하는 방식이다. 이 방식은 기존 상품의 진열공간 이외에 별도의 추가 공간이 필요하고 소비자들이 프리미엄의 내용을 알 수 있도록 눈에 잘 띄는 장소에 배치하여야 하므로 해당 유통점의 협조가 필수적이다.

○ 용기 프리미엄(re-usable package premium)

상품의 패키지를 특정의 용도로 재사용할 수 있게끔 제작하여 상품 사용 후에 일상생활에서 활용할 수 있게 하여 상품을 구매하는 고객들에게 제공하는 방식이다. 예를 들어 사탕의 패키지를 저금통 형태로 제작하여 상품 사용 후 저금통으로 재

사용할 수 있도록 하는 것이다. 이 방식은 상품을 담는 패키지가 예쁘거나 매력적이어서 소비자의 시선을 끄는 효과가 매우 크다. 하지만 패키지 제작비용과 물류유통비용이 추가로 들기 때문에 판매촉진에 따른 상품판매의 수익성에 대한 고려가 필요하다.

○ 자기 정산 프리미엄(self liquidators premium)

기업이 제시하는 일정 금액 이상을 구매했다는 영수증이나 증명을 제시할 때 상품을 구매하는 고객들에게 사은품이나 상금을 제공하는 방식이다. 이 방식은 고객들에게 매력적으로 느낄 수 있을 정도로 고가의 프리미엄을 제공하는 것이 필요하다. 그렇게 해야 만이 소비자들은 평소보다 더 많은 지출을 하게 되지만 고가의 프리미엄을 받을 수 있다는 보상심리가 생겨 프리미엄 제공 조건을 채우기 위한 추가 구매로 이어질 수 있기 때문이다.

○ 즉석 당첨 프리미엄(instant winner premium)

상품구매와 동시에 즉석에서 추첨을 통해 경품을 제공하는 방식이다. 이 방식은 매우 신속한 운영으로 인해 촉진 활동을 하는 장소에서 당첨결과를 알 수 있기 때문에 소비자들에게 사행심을 주어 충동구매를 자극하는 데 유효할 뿐만 아니라 연속적인 구매를 자극하는 데에도 효과적이다. 주로 대형 소매점에서 통행인의 시선을 집중시키고 구전 효과에 의한 소비자의 관심을 유발하기 위해 많이 이용되고 있다.

○ 응모 추첨 프리미엄(mail-in lottery premium)

상품구매 후 고객이 구매 증명을 송부하면 응모자들 가운데 일부를 추첨하여 경품을 받을 수 있게 하는 방식이다. 이 방식은 상품을 구매한 고객이 직접 응모해야 하는 다소 번거로운 점과 당첨에 대한 불확실성 등이 있으나, 구매에 대한 직접적인 효과보다는 특정 상품에 대한 화제성을 유도하는 데 효과가 있다.

이상의 프리미엄 판매촉진 방법은 매스미디어 매체 광고의 주요내용 확인 수단으로 이용하거나 소비자들이 상품에 대해 부정적인 태도를 보이는 경우에 있어서 부정적인 태도를 바꿀 목적으로 이용하는 것은 좋지 않다. 이 방법은 소비자들이 강한 브랜드 충성도나 신념 및 태도를 가지고 있는 상품에 이용하는 것이 보다 효과를 발휘할 수 있다.

(11) 콘테스트(Contest)

상품의 구매나 판매촉진 전개 캠페인의 참가를 조건으로 하지 않고 자유롭게 응모하여 경품이나 상금(현금, 할인권, 상품권) 등의 이익을 제공하는 개방적 프리미엄 형태로서 소비자들의 적극적인 참여를 통하여 기업의 마케팅 커뮤니케이션 활동에 대한 관심 유도 및 구매의욕을 자극하는 판매촉진 방법이다.

콘테스트는 단기적 판매촉진 효과를 기대하기보다는 장기적이고 간접적인 효과를 목표로 할 때 주로 이용된다. 따라서 신상품의 시장 런칭 시 인지도를 높이기 위한 광고캠페인과 함께 이용하거나 유통점에 대한 충성도를 향상하기 위한 판매촉진 방법으로서 매우 효과적이라고 할 수 있다.

실제로 기업이 콘테스트를 전개하는 형태를 살펴보면, 첫 번째 형태는 가장 일반적으로 많이 이용하는 형태로 신문 또는 잡지 광고 엽서나 인터넷 응모 추첨 경품 행사가 있다. 두 번째 형태는 과거 「펩시콜라 챌린지 행사」와 같이 소비자가 직접 제품을 체험하게 하는 소비자 직접 실연테스트 행사가 있다. 세 번째 형태는 「비타500 뚜껑 경품행사(당첨자에게 1박스 또는 한 병 더 제공)」와 같은 상품이용 당첨 경품행사가 있다.

콘테스트의 전개방식은 〈표 4〉에서 보는 바와 같이 소비자에게 용이한 도전을 하게 하는 퀴즈, 앙케이트, 콘테스트 등을 이용한다.

〈표 4〉 콘테스트의 전개방식

방법	내용
퀴즈(quiz)	콘테스트 방법 중 가장 일반적으로 사용되며 상품의 이름이나 특성을 이해시키는 데 효과가 크다.

방법	내용
앙케이트 (questionnaire)	상품 자체나 상품 사용법에 대한 앙케이트 조사에 협력하게 하는 방법으로, 단순한 프로모션뿐만 아니라 적극적인 화제를 통하여 주목도를 높일 수 있다.
콘테스트 (contest)	상품명이나 상품에 적합한 캐치프레이즈 등의 모집이나 관련 이슈 논문제출 등으로 응모하게 하여 고객들이 직접 참여할 수 있도록 유도하는 방법으로, 상품에 대한 소비자의 의견 수렴과 상품 사용에 대한 홍보방안으로 이용되고 있다.

(자료: 김희진(2004), 『세일즈 프로모션』, 커뮤니케이션북스, p226 참조)

(12) 스탬프(Stamps)

상품의 구매와 관련하여 구매할 때 제공하는 특정 형태의 스탬프를 일정한 양만큼 모아서 제시하면 정해진 경품이나 보상을 제공함으로써 소비자들의 구매의욕을 자극하여 판매를 증대시키는 판매촉진 방법이다. 이 방법을 주로 동네 슈퍼마켓, 커피전문점, 제과점 등과 같은 소매점에서 많이 이용하는 형태로 고객들의 재방문을 유도하는 데 효과가 크다.

(https://search.naver.com/search.naver?where=image&sm=tab_jum&query=%EC%95%84%EC%9D%B4%EC%8A%A4%ED%81%AC%EB%A6%BC+%EC%8A%A4%ED%85%9C%ED%94%84)

스탬프 판매촉진 방법의 전개방식은 개별 소매점에서 수행하는 개별 전개방식과 상가 및 시장 동업자끼리 연합하여 함께 수행하는 공동 전개방식이 있다.

○ 개별 전개(Private) 방식

특정 소매점이 운영하는 방법으로 상품의 종류가 다양하거나 고액 상품에 널리 사용된다. 이 방식은 특정 소매점의 상품이나 서비스 구조에 알맞은 내용으로 전개되므로 경쟁 소매점들과의 차별화를 도모하는 데 효과적이다.

○ 공동 전개(Cooperate) 방식

스탬프 판매촉진 전문회사가 중심이 되어 여러 소매점들의 공동 카탈로그와 함께 스탬프를 발행하는 방식으로 스탬프 회수 등의 운영도 공동으로 수행할 수 있다. 이 방식은 참여 소매점들이 많을수록 고정비용 부담이 경감되는 장점이 있다.

(13) 멤버십(Membership)

상품의 구매자를 대상으로 여러 가지 특전을 얻을 수 있는 회원 조직 및 제도에 가입하게 함으로써 소비자들을 단골 고객화시키기 위해 이용하는 판매촉진 방법이다.

멤버십은 주로 화장품 회사, 백화점, 호텔, 정유회사, 이동통신 회사 등에서 회원카드를 발행하여 우량 소비자를 단골 고객화하는 목적으로 이용되고 있다. 이 방법은 오늘날과 같이 경쟁이 치열해지고 있는 시장 상황에서 기업들이 매출실적이 좋은 우수 고객을 확보하여 자사의 고객으로 유지 및 관리할 수 있는 중요한 판매촉진 방법이라고 할 수 있다. 따라서 다른 판매촉진 방법들과는 달리 브랜드 충성도를 향상할 수 있을 뿐만 아니라 다른 상품의 다이렉트 마케팅 활동에도 이용할 수 있도록 고객의 정보 데이터를 확보할 수 있는 기반을 제공하는 효과도 기대할 수 있다.

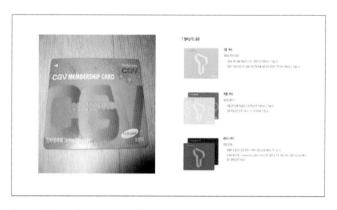

(https://search.naver.com/search.naver?where=image&sm=tab_j
um&query=%EB%A9%A4%EB%B2%84%EC%89%BD%EC%B9%B4%
EB%93%9C)

이와 함께 멤버십은 고객의 상품구매 실적에 따라 특전을 부여하는 것을 차등적으로 구사할 수 있는 정책으로도 연결할 수 있다. 실제로 특정 백화점과 은행에서 구매나 이용 실적이 우수한 고객을 선별하여 VIP룸을 이용하도록 하거나 고객의 생일 등 기념일에 카드나 축하 전화와 함께 꽃이나 샴페인 등을 직접 전달하여 매출액에 대한 기여도가 높은 고객을 우대하는 이벤트를 전개하고 있다.

(14) 부가 서비스(Option Service)

상품의 구매와 관련하여 제공하는 부가 서비스에 의한 특전이나 보상을 제공함으로써 소비자들의 구매의욕을 자극하여 판매를 증대시키는 판매촉진 방법이다. 이 방법은 제공되는 부가 서비스가 단순히 '덤'의 개념이 아니라 상품의 일부분으로 취급되어야 한다. 주로 가전제품이나 자동차와 같은 내구재의 전문품에서 주로 이용되는데, 예를 들어 가전제품의 경우에 신상품 구매 시 기존 상품을 일정 금액만큼 보상해주는 보상판매를 실시하거나, 자동차의 경우에는 3년간 또는 5만Km까지 무료 애프터서비스(AS) 제공하는 것과 같이 지속적이고 장기적인 전개 형태로 이용되고 있다.

(https://search.naver.com/search.naver?sm=tab_hty.top&where=image&query=%EB%B3%B4%EC%83%81%ED%8C%90%EB%A7%A4&oquery)

상품구매에 따른 부가 서비스는 PC, 자동차, 가전제품 등과 같은 내구재의 전문품의 경우에는 구매에 중요한 요인으로 작용한다. 특히 시장이 성숙기에 있는 상품들의 경우에는 제품 간의 품질이 균등해져 상품의 차별성을 가져가기가 어렵게 되어 부가 서비스에 대한 다양한 특전이 경쟁력의 핵심이 되는 상황이기 때문에 부가 서비스를 이용한 판매촉진 방법이 효과적일 수 있다.

판매촉진 방법으로 이용되는 부가 서비스의 형태는 다음과 같이 3가지로 구분된다.

○ 유지관리 서비스(maintenance)

상품구매 후에 그 상품의 기능을 유지하기 위한 서비스를 제공하는 형태이다. 이러한 서비스는 주로 내구재의 전문품, 자동차와 같이 장기간에 걸쳐 사용되는 상품에 많이 적용한다. 예를 들면 가전제품을 구매하는 경우에 정기점검 서비스를 일정 기간 무료로 제공하는 것이다.

○ 머천다이징(merchandising)

상품 자체에 고객의 기호에 맞는 보조적인 부가 서비스를 제공하는 형태이다. 예를 들면 반지를 구매하는 경우에 이름을 새겨 주는 서비스나 상품을 특별 포장해주는 서비스를 제공하는 것이다.

○ 편의성(convenience)

상품을 구매하는 고객에게 여러 가지 편의 서비스를 제공하는 형태이다. 예를 들면 상품 무료배달, 백화점이나 스포츠 센터의 무료 셔틀버스 제공, 쇼핑센터의 어린이 놀이방 이용 등이 있다.

지금까지 살펴본 소비자 판매촉진 방법들의 효과는 다양하다. 따라서 판매촉진 방법을 계획함에 있어 어떤 방법을 선택할 것인지에 대한 기준이 필요하다.

소비자 판매촉진 방법의 선택기준

판매촉진 활동이 소비자의 구매의사 결정과정에 미치는 효과 측면에서 판매촉진 방법의 선택기준을 분석해 보면 〈표 5〉와 같다.

〈표 5〉 소비자 판매촉진 방법의 선택기준

수단	상품 인지			태도 변화		구매 행동	
	지명도	이해도	관심도	구매 의향도	시용 구매	중점 구매	반복 구매
쿠폰	★	★	★	○	◎	◎	◎
보너스 팩			★	★	◎	○	○
오프라벨			★	★	◎	◎	○
리펀드			★	○	◎	◎	○
시용 팩	★	★	★	★	◎		
대매출 이벤트	◎	★	★	○			
샘플링	★	○	○	◎	○		
모니터링	○	○	○	★	○		
데몬스트레이션	★	○	○	◎	◎	○	
프리미엄			★	○	○	◎	○
콘테스트	○	★	★	★	★		
스탬프			★	★	○	○	◎
멤버십	★	★	★	★	○	○	◎
부가 서비스					★	★	○

◎ 효과가 크다, ○ 효과가 있다, ★ 전개 형태에 따라 효과가 있다
(자료: 김희진(2004), 『세일즈 프로모션』, 커뮤니케이션북스, p231 참조)

☞〈보너스 TIP〉소비자의 구매의사 결정과정

모든 상품에 대한 소비자의 구매의사 결정과정은 문제의 인식→ 정보 탐색→ 대안의 평가→ 구매결정→ 구매 후 행동의 다섯 단계를 통해 이루어진다. 다만 상품의 특성, 소비자가 처한 상황에 따라 그 과정이 단순하게 이루어지거나 복잡하게 이루어진다고 할 수 있다.

① 문제의 인식

특정 시점에서 소비자의 처한 실제 상태와 바람직한 이상적인 상태 사이에 차이가 있을 때 이를 해결하려는 욕구가 발생하고 그 욕구를 인식하는 것을 문제의 인식이라고 한다. 문제의 인식은 기본적인 욕구인 식욕, 갈증 등과 같은 내적 자극이나 상품인지, 광고 등의 외적 자극으로 유발된다.

② 정보탐색

문제의 인식 후 소비자는 구매의사 결정에 도움이 될 만한 정보를 탐색한다. 정보탐색은 인식된 문제를 해결해 줄 수 있는 정보를 주로 기억의 회상에 의존하는 내적 탐색과 주로 중요한 상품이거나 고가인 경우에서 내적 탐색에 의해 충분한 정보탐색을 할 수 없을 때 외적 탐색을 수행한다.

③ 대안의 평가

소비자는 내적 탐색 및 외적 탐색을 통해 수집된 정보를 이용하여 선택 대안, 즉 고려 상품 및 상표들을 특정의 평가 기준에 따라 비교·평가한다.

④ 구매 결정

소비자는 여러 대안 상품이나 상표들에 대한 평가결과의 선호에 따른 구매 의도에 따라 특정의 상품이나 상표를 선택한다.

⑤ 구매 후 행동

상품을 구매한 후에는 그 상품을 사용하면서 만족 또는 불만족을 경험하고 그 결과에 따라 재구매 행동을 하게 된다.

소비자 판매촉진 방법의 선택기준은 앞서 설명한 판매촉진 목표의 설정 부분에서 목표 설정에 따른 기본과제와 활동계획과 연결된 것이라 할 수 있다. 따라서 소비자 판매촉진의 방법을 계획할 때 이러한 선택기준을 바탕으로 그 방법들을 선택한다면 보다 큰 효과를 얻을 수 있다. 다만 선택기준에 따른 판매촉진의 방법들은 촉진활동의 전개 상품의 특성이나 시장의 상황에 따라 그 효과가 약간 달라질 수 있다는 점을 고려하여야 한다.

| 유통 판매촉진 방법 | 유통 판매촉진은 유통점을 대상으로 전개하는 판매촉진을 의미하는 것으로서 유통 판매촉진을 수행하는 주요 목적은 다음과 같다. |

○ 자사 상품을 취급하도록 유통업자에게 확신을 심어 줄 수 있다.
○ 기업의 재고는 줄이고 유통점의 공급을 증가시킨다.
○ 광고 또는 소비자 대상의 판매촉진 활동을 지원한다.
○ 유통점이 자사 상품을 진열하거나 판매에 역점을 두도록 권장한다.
○ 자사 상품의 판매 노력에 대한 보상(incentive)을 제공한다.

이러한 목적을 달성하기 위한 유통 판매촉진의 방법으로는 소비자를 대상으로 하는 소비자 판매촉진의 방법만큼 다양하지 않으나 여러 방법들이 이용되고 있다.

(1) 유통형 데몬스트레이션(Trade Demonstration)

상품의 특성이나 판매 제안점을 소비자들에게 효과적으로 전달할 수 있도록 유통점에 필요한 자료를 제공하거나 프레젠테이션 기법을 전수하고 각종 마케팅 프로그램 등을 실증 및 실연을 통해 교육하는 판매촉진 방법이다.

특히 신상품의 경우에는 소매점 내에 상품 관련 설명을 위한 시설물, 즉 POP(Pont of Purchase)를 제공하는 것이 필수적으로 요구된다.

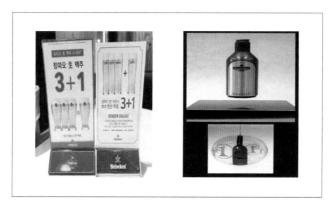

(https://search.naver.com/search.naver?sm=tab_hty.top&where=image&query=%ED%97%A4%EC%9D%B4%EB%84%A4%EC%BC%84+POP&oquery)

POP의 일반적인 형태는 포스터, 행거, 상품 관련 시설물 등이 있는데, 최근에는 POP 관련 시설물들이 주목도를 높이기 위해 다양한 아이디어 형태로 만들어지고 있다. 이 방법은 유통점들을 대상으로 상품을 직접 체험하게 하여 판매 시에 소비자들에게 상품에 대한 확신을 부여하여 권유할 수 있도록 하는 데 효과적이다.

(2) 유통형 콘테스트(Trade Contest)

유통점들을 대상으로 각종 콘테스트를 실시하여 상호 간의 경쟁심을 유발함으로써 자사 상품에 대한 매출을 증대시키는 판매촉진 방법이다. 이 방법은 콘테스트를 실시하여 입상한 유통점에 소정의 상품이나 상금을 수여하거나, 보통 연간단위로 계산하여 가장 많이 판매고를 올린 유통점에 무료 상품이나 경품 및 상금 등의 인센티브를 주는 형태로 운영한다.

(3) 유통형 보너스 팩(Trade Bonus Pack)

유통점들을 대상으로 경품이나 다른 인센티브를 제공하기보다는 유통점에 공급하는 상품의 양을 증대시켜 실제로 가격을 할인해 주는 것과 동일한 효과를 주는 판매촉진 방법이다. 이 방법은 보통 소비자들에게 인기가 있는 상품의 경우에 많이 이용되는데, 유통점에서 요구하는 충분한 양의 상품을 공급해 줌으로써 자사 상품에 대한 판매의욕을 촉진하는 효과가 있다.

(4) 보상금 제도(Trade Allowance)

유통점이 일정 기간 자사 상품을 판매한 판매 수량이나 판매액의 정도에 따라 일정 금액을 지급함으로써 자사 상품에 대한 매출을 증대시키는 판매촉진 방법이다. 이 방법은 자사 상품의 판매증대에 따른 인센티브로 일종의 사례금을 실적 정도에 따라 차등적으로 지급하여 유통점의 적극적인 판매 노력을 끌어내는 데 매우 효과적이다.

(5) 중점 판매점 촉진 지원(Promotable Shop Support)

자사 상품의 높은 매출이 기대되는 유통점을 대상으로 촉진 프로그램을 지원해주는 판매촉진 방법이다. 이 방법은 자사 상품의 판매에 적극적인 유통점을 지원하기 위하여 판매에 도움을 줄 수 있는 다양한 시장정보와 마케팅 전략 및 노하우와 같이 판매에 필요한 총괄적인 지원을 제공하는 형태로 수행되고 있다.

(6) 스피프스(Spiffs)

스피프스는 PM(Push Money)으로 불리기도 하는 것으로, 자사 상품을 보다 많이 권유하여 판매하도록 기업이 유통점의 판매 사원들에게 자사 상품의 판매에 따른 인센티브를 제공하는 판매촉진 방법이다. 이 방법은 자사 상품의 판매에 따른 인센티브를 유통점에 지불하지 않고 유통점의 판매 사원들에게 직접 지불한다는 점에서 특색이 있다. 스피프스 판매촉진 방법은 일반적인 소비재 상품보다는 판매원의 권유가 상품구매의 주요 요인으로 작용하는 내구재 상품에서 자주 이용되고 있다.

(7) 판촉비용 지불(Slotting Allowance)

슬롯(Slot)이란 개념에 나타나듯이 주로 소매점에서 자사 상품에 대한 진열공간을 제공해 주었을 때 해당 기업이 소매점의 수행하는 촉진활동 비용을 대신 지불하는 판매촉진 방법이다. 이 방법은 소비재 신상품의 경우에서 많이 이용하는 방법으로서 기업이 상품의 적절한 취급방법이나 접객 태도에 관한 지도 및 교육, 고객 불만 처리 등 다양한 지원 활동도 추가로 제공해 주기도 한다.

유통 판매촉진 방법의 선택기준	지금까지 살펴본 유통 판매촉진의 방법들도 그 효과가 다양하기 때문에 이들 방법에 대한 선택기준이 필요하다.

유통점을 대상으로 한 유통 판매촉진 방법의 선택기준을 분석해 보면 〈표 6〉과 같다.

〈표 6〉 유통 판매촉진 방법의 선택기준

수단	우선적 판매촉진	구매촉진	신규개척 촉진
유통형 데몬스트레이션	●		
유통형 콘테스트		●	
유통형 보너스 팩	●		●
보상금 제도	●	●	●
중점 판매점 촉진 지원		●	●
스피프스	●	●	
판촉비용 지불		●	

(자료: 김희진(2004), 『세일즈 프로모션』, 커뮤니케이션북스, p.234 참조)

이와 함께 유통 판매촉진의 방법에 대한 이용 계획을 수립함에 있어 계획된 판매촉진 활동이 효과적으로 전개될 수 있도록 다음과 같은 경우들을 방지할 수 있는 면밀한 고려가 선행되어야 한다.

○ 소비자 지원 판매촉진의 혜택이 소비자에게 반영되지 않고 유통점 마진으로 흡수되는 경우

○ 판매촉진 기간을 이용하여 유통점이 사재기(forward buying)를 하는 경우

○ 판매촉진 기간에 공급한 상품을 다른 지역의 유통점에 되파는 경우

○ 판매촉진 할인 가격이나 혜택을 계속 기대하는 심리가 생기는 경우

제품수명주기에 따른 전개전략	제품수명주기(PLC: Product Life Cycle)는 상품이 시장에 출시되어 사라질 때까지의 기간 동안 매출과 이익이 어떠한 형태인지를 보여주는 것으로, 각 단계별로 판매촉진의 수행법이 달라진다.

제품수명주기는 상품에 따라 여러 가지 형태로 나타나지만 시장에서 정상적인 상태로 판매가 이루어지다가 어느 시점에서 사라지는 상품들의 일반적인 형태는 〈그림 13〉과 같이 크게 4단계로 구분된다. 제품수명주기의 각 단계별로 시장 상황이 다르기 때문에 판매촉진의 전개전략을 단계별로 달리 수립하여야 한다.

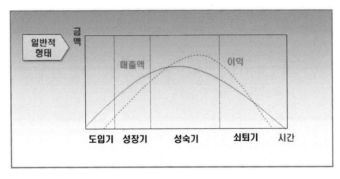

〈그림 13〉 제품수명주기 단계별 구분

(1) 도입기의 판매촉진 전개전략

도입기에는 상품의 매출이 서서히 증가하나, 초기 신상품 개발을 위한 투자로 인해 이익은 거의 발생하지 않는 시기이다. 주 소비자는 신제품 수용도 측면5)에서 볼 때 수용도가 매우 빠른 혁신층이라 할 수 있다.

도입기 단계에서 판매촉진 전략의 목표는 소비자 대상으로는 상품을 사용하게 유도하는 시용(Trial) 증대에 두어야 하고 유통점 대상으로는 상품의 사입을 도모하기 위한 유통망 개척에 두어야 한다.

이러한 목표를 달성하기 위해 전개하여야 하는 판매촉진 방법은 소비자 대상과 유통점 대상으로 구분되는데, 소비자의 시용 증대를 위한 소비자 판매촉진의 방법은 샘플링을 통한 무료 샘플의 배포, 쿠폰의 다량 배포, 데몬스트레이션에 의한 유통점 내 시용 실연, 시용 팩으로서 별도의 시용 제품 제공

---

5) 로저스(1983)의 신상품 수용도에 따른 소비자 분류에 따른 소비자 구분

등을 이용할 수 있다.

유통점의 개척을 위한 유통 판매촉진의 방법은 상품설명의 POP물 제공을 포함한 유통 데몬스트레이션과 함께 판매촉진 가격할인의 혜택을 주는 유통형 보너스 팩, 보상금 제도 및 판촉비용 지불 등을 이용할 수 있다.

(2) 성장기의 판매촉진 전개전략

성장기에는 상품의 매출 및 이익의 성장률이 높아 매출과 이익이 급격히 증가하고 그렇다 보니 다른 기업들이 시장에 진출하여 다수의 경쟁상품들이 등장하는 시기이다. 주 소비자는 신제품 수용도 측면에서 볼 때 일반 소비자들보다는 수용도가 약간 빠른 조기 수용층이라 할 수 있다.

성장기 단계에서 판매촉진 전략의 목표는 소비자 대상으로는 상품을 사용하게 유도하는 시용의 계속된 증대와 최초 구매자의 반복구매 강화에 두어야 하고, 유통점 대상으로는 상품의 공급 물량 증대를 위한 새로운 유통망의 확대와 기존 거래 유통점의 유지에 두어야 한다.

소비자 판매촉진의 방법은 우선 소비자의 계속된 시용 증대를 위해 도입기에 전개하였던 형태로 샘플링, 쿠폰, 데몬스트레이션, 시용 팩 등을 지속해서 전개하여야 한다. 그리고 최초 구매자의 반복구매를 강화하기 위해서는 쿠폰과 경품을 추가하는 보너스 팩을 이용할 수 있다.

유통 판매촉진의 방법은 새로운 유통점의 확대를 위해서는 유통점 개척을 위해 이용하였던 상품설명의 POP물 제공을 포함한 유통 데몬스트레이션, 판매촉진 가격할인 혜택의 유통형 보너스 팩, 보상금 제도 및 판촉비용 지불 등을 지속해서 전개하여야 하고, 기존 거래 유통점의 유지를 위해서는 청구서상 금액할인(Off-Invoice) 방식의 보상금 제도나 사입 요청량보다 수량을 더 주기(Free Good) 방식의 유통형 보너스 팩 등을 이용할 수 있다.

(3) 성숙기의 판매촉진 전개전략

성숙기에는 상품의 매출에 따른 이익은 발생하고 있으나 매출액 및 이익의 성장률이 둔화하거나 심지어 매출액이 감소하는 상태에 이르며 시장 내에서 다른 상품들과의 경쟁이 매우 치열해지는 시기이다. 주 소비자는 신제품 수용도 측면에서 볼 때 대다수의 일반 소비자라 할 수 있는 후기 다수층이라 할 수 있다.

성숙기 단계에서 판매촉진 전략의 목표는 소비자 대상으로는 자사 상표의 충성도를 높여 기존 고객들의 반복구매를 강화하거나 경쟁 상표들에 대한 충성도가 낮은 상표 전이 성향의 소비자들에 대해 자사 상표로의 전환을 유도하여 시장점유율은 확대하는 데 두어야 한다. 유통점 대상으로는 새로운 유통망을 확대하기보다는 기존 거래 유통점을 유지하면서 상품의 사입 물량을 증대시키는 데 중점을 두어야 한다.

성숙기 시장은 새로운 소비자를 유치하는 것이 어렵고 기존 소비자들에 대한 경쟁이 치열한 상황이기 때문에 촉진활동요소 중 판매촉진이 차지하는 비중이 가장 높다. 따라서 이 시기에는 다른 촉진활동요소를 활용하기보다는 판매촉진 활동을 되도록 많이 활용하는 것이 상대적으로 더 효율적일 수 있다.

소비자 판매촉진의 방법은 자사 상표의 충성도가 높은 고객을 대상으로 하는 경우에는 프리미엄 방법을 이용하거나 반복구매 강화를 위해서는 멤버십이나 쿠폰을 이용하는 것이 보다 효과적이고, 경쟁 상표에 대한 상표 전이 성향의 소비자를 대상으로 하는 경우에는 자사 상표로의 전환을 위해 가격할인 혜택을 주는 방법들을 이용하는 것이 보다 효과적이다.

유통 판매촉진의 방법은 기존 거래 유통점의 유지에 목적을 두어야 한다는 점에서 성장기에 이용하였던 거래 유통점의 유지를 위한 청구서상 금액할인 방식의 보상금 제도나 공급 요청량보다 수량을 더 주기 방식의 유통형 보너스 팩을 지속해서 이용하면서 중점 판매점 촉진 지원, 스피프스, 판촉비용 지불 등을 추가로 이용할 수 있다.

(4) 쇠퇴기의 판매촉진 전개전략

쇠퇴기에는 상품에 대한 소비자의 기호변화, 기술변화, 시장 경쟁의 격화 등의 원인으로 인해 상품의 매출액이나 이익이 감소하는 시기이다. 주 소비자는 신제품 수용도 측면에서 볼 때 일부 일반 소비자라 할 수 있는 후기 다수층과 수용도가 매우 낮은 후발 수용층이라 할 수 있다.

쇠퇴기 단계에서 판매촉진 전략의 목표는 기본적으로 소비자 대상으로는 상표의 생존유지에 두어야 하고, 유통점 대상으로는 현재 유통수준을 유지하거나 수익성이 없는 유통라인은 없애는 선택적 유통에 두어야 한다.

쇠퇴기에는 매출감소에 따른 이익이 감소하기 때문에 비용이 많이 소요되는 광고와 같은 촉진활동은 되도록 자제하고 현재의 매출을 유지하거나 감소율을 둔화시키기 위해 가격할인의 성격이 강한 판매촉진 방법들을 이용하여야 한다.

소비자 판매촉진의 방법은 가격할인의 오프라벨이나 대매출 세일과 묶음 판매 또는 덕용 포장, 1+1 또는 2+1 방식 등의 보너스 팩을 이용할 수 있다. 유통판매촉진의 방법은 이익을 손해 보지 않는 범위 내에서 보상금 제도, 유통형 보너스 팩, 스피프스 등을 이용할 수 있다.

❼ 판매촉진 커뮤니케이션의 계획

커뮤니케이션의 계획은 판매촉진 활동을 표적집단 소비자들에게 효율적이고 효과적으로 알릴 수 있는 방안을 계획하는 단계이다. 계획의 주안점은 판매촉진을 통해 제시하는 판매제안을 개발하고, 이를 소비자들에게 전달하는 데 필요한 매체를 선정하는 데 있다. 이에 따라 커뮤니케이션 계획의 내용은 전개하고자 하는 판매촉진 활동의 판매제안 즉 판매촉진 테마의 개발과 커뮤니케이션 매체의 구체적인 활용계획을 수립하는 것이다.

판매촉진 테마의 개발	판매촉진 테마는 전개하고자 하는 판매촉진 활동의 판매제안을 표적집단 소비자들에게 매력적으로 느낄 수 있도록 표현된 것이다.

판매촉진의 목적은 상품에 대한 호의적인 인식의 형성이나 강화를 통해 소비자의 구매의욕을 자극하는 것이기 때문에 판매촉진 테마의 핵심은 소비자들에게 판매촉진을 통해 상품의 구매 및 사용을 왜 해야 하는지에 대한 그 이유 또는 실익을 잘 표현하는 데 있다.

(https://search.naver.com/search.naver?sm=tab_hty.top&where=image
&query=%EC%97%B0%EB%A7%90+%EC%9D%B4%EB%B2%A4%ED%8A%
B8&oquery)

효과적인 판매촉진 테마를 개발하는 방법은 상품이나 소비자의 특성에 따라 약간의 차이는 있지만 일반적으로 다음과 같은 방법을 통해 개발한다.

　○ 판매촉진 활동에서 제시하는 특별한 판매제안을 함축 성
　　(compact) 있게 표현하여야 한다.

○ 판매제안이 소비자들에게 매력적으로 느낄 수 있도록 설
득적인 캐치프레이즈 형태로 만들어져야 한다.

이에 따라 명확한 의미전달을 위해 핵심어(key word) 형태
로 만들어야 하며, 그 내용이 소비자의 구체적인 생활 속 의미
와 연관되도록 한다.

커뮤니케이션 매체 활용계획	매체 활용계획은 표적집단의 소비자들에게 판매촉진 활동에 대한 정보를 효과적으로 전달할 수 있는 매체들을 선정하여 매체별로 활용계획을 수립하는 것이다.

우선 판매촉진 활동에 대한 정보전달의 효과적인 매체를 선
정하기 위해서는 다음과 같은 매체 특성에 따른 선정기준이
필요하다.

○ 광범위하게 인지도를 높이는 매체
○ 상세한 정보로 설득기능을 가진 매체
○ 구매 시점에서 브랜드 결정을 촉진하는 매체
○ 항시적 커뮤니케이션 역할을 하는 매체
○ 유통 및 영업사원에게 설득기능을 주는 매체

이를 바탕으로 커뮤니케이션 매체를 판매촉진 활동의 목적
및 내용과 수행범위 등을 고려하여 몇 개의 선정기준에 비추
어 적합한 매체들로 선정할 수 있다.

이와 함께 매체를 선정할 때 추가로 고려해야 할 사항으로는 커뮤니케이션 활동 정도와 예산 규모가 있다. 왜냐하면 몇 가지의 매체들을 선정하여 매체별로 특성에 맞게 활용 정도 즉 이용 기간 또는 이용 수량을 결정하는데 그 활용 정도에 따라 소요되는 예산에 차이가 있기 때문이다. 이에 따라 커뮤니케이션 매체의 활용계획은 정해진 예산 하에서 〈표 7〉과 같이 활용하는 매체별로 활용 정도와 비용을 산출할 수 있다.

〈표 7〉 판매촉진 커뮤니케이션 미디어 활용계획(예)

이용목적	이용 매체	이용 기간/ 수량	소요 비용(만원)
인지도 제고	지역 방송	1 개월	5,000
광고	팸플릿/ 리프렛	10,000 부	2,000
구매 자극	일반 포스터	500 부	250
판촉물	행거 포스터	500 개	1,000
(유통점 대상)	선물 판촉물	20,000 개	2,000

❽ 판매촉진 예산의 책정

판매촉진 예산의 책정은 수행하고자 계획한 판매촉진 활동에 소요되는 비용을 예상하여 필요금액을 산출하는 단계이다. 기업들이 일상적으로 전개하는 정규적인 판매촉진의 경우에는 보통 주어진 예산에 따라 그 예산에 맞게 판매촉진 활동을 계획한다. 반면에 계획에 없는 상황에서 특정의 원인이나 이유로 인해 수행되는 비정규적인 판매촉진의 경우에는 우선 필요한 판매촉진 활동을 계획하고 그에 따라 소요되는 예산을 책정하여야 한다. 판매촉진 활동은 보통 정규적인 촉진 활동으로 하기보다는 신상품이나 매출감소가 예상되는 상황에서 수행하는 비정규적인 촉진활동의 형태로 많이 이루어진다. 따라서 판매촉진 예산의 책정은 비정규적으로 수행하는 판매촉진의 경우에 있어서 판매촉진 활동을 계획하고 그에 따라 소요되는 예산을 책정하는 것을 기본으로 하고자 한다.

예산책정 고려요인	판매촉진 활동을 계획하고 그 활동을 전개하는 데 있어서 소요되는 예산을 책정할 때 우선 고려하여야 할 요소들을 살펴보면 다음과 같다.

○ 판매촉진의 목표와 전개전략 및 방법

판매촉진 예산은 판매촉진의 목표와 그 목표의 달성을 위해 전개하고자 하는 판매촉진 전략과 방법들에 따라 달라져야 한다. 보통 판매촉진 활동을 통해 달성하고자 하는 판매촉진 목표가 클수록, 판매촉진 방법을 다양하게 이용할수록 예산을 많이 책정하여야 한다. 다만, 샘플링과 같은 판매촉진 방법은 일반적으로 다른 방법들에 비해 상대적으로 비용이 더 많이 소요된다는 점을 고려하여야 한다.

○ 통합적 마케팅 커뮤니케이션(IMC) 차원에서의 다른 촉진 활동들과 통합적 전개 여부

IMC(Integrated Marketing Communication)는 활동의 시너지 효과를 위하여 촉진활동의 수단들을 통합하여 수행한다는 것이 핵심으로서 판매촉진 예산은 판매촉진 활동을 개별적 차원에서 독자적으로 전개하느냐, 아니면 IMC 측면에서 광고나

홍보 활동과 함께 전개하느냐에 따라 달라져야 한다. 일반적으로 판매촉진 활동을 독자적으로 전개하는 경우보다는 캠페인 성격의 촉진전략을 수행하기 위해 다른 촉진활동들과 함께 전개하는 경우에서 판매촉진 예산이 더 큰 경향을 보인다.

○ 판매촉진 활동이 매출에 영향을 미치는 형태

두 가지 형태로서 판매촉진 활동이 바로 판매로 직결되는 것과 판매촉진 활동이 바로 판매로 직결되지 않는 것이 있다. 이는 판매촉진 예산의 투입기준과 관련되는 것으로서 쿠폰과 같이 판매로 직결되는 경우에는 보통 판매촉진에 소요되는 비용이 판매에 의한 순이익을 초과하지 않는 범위에서 예산을 설정한다. 반면에 샘플링과 같이 판매로 직결되지 않는 경우에는 판매촉진에 소요되는 비용에 대한 예산은 과거 전개하였던 유사활동에 비추어 적정 금액으로 설정한다.

예산책정 방법	판매촉진 활동을 수행하는 데 소요되는 예산을 책정하는 방법은 크게 두 가지 형태로 구분된다.

첫 번째는 목표 판매량 및 판매액, 경쟁사 판매촉진 활동, 시장 변동률, 업무기준, 가용예산 등과 같은 일정기준을 이용하여 예산을 책정하는 방법이다. 이 방법은 시장이 안정적이고 향후 예측이 어느 정도 가능한 상황을 전제로 한다. 두 번째는 과거의 판매촉진 활동에 대한 분석 데이터를 바탕으로 예산을 책정하는 방법이다.

우선 일정기준을 이용하여 판매촉진 예산을 책정하는 방법을 살펴보면 다음과 같은 방법들이 있다.

① 판매량 또는 판매액 기준 책정방법

과거의 판매상황에 대한 경험을 바탕으로 판매촉진 활동을 통해 달성하고자 하는 목표 판매량이나 판매액을 설정한 후 그 목표 판매량이나 판매액의 일정 비율을 기준으로 판매촉진 예산을 책정하는 방법이다. 이 방법은 목표 판매량이나 판매액을 기준으로 예산을 산출하기 때문에 목표 판매량이나 판매액에 대한 예측이 정확하다는 것을 전제로 한다. 따라서 시장의 경기변동이 심할 경우에는 이 방법을 채택하기 어렵다고 할 수 있다.

② 경쟁사 비교 책정방법

시장에서 상품을 판매하고 있는 경쟁사들의 시장점유율이나 촉진 활동 상황을 기준으로 판매촉진 예산을 책정하는 방법이다. 다시 말해서 경쟁사들의 시장점유율과 비교하여 자사의 시장점유율만큼 예산을 설정하거나, 경쟁사들의 촉진비용을 조사하여 예산을 책정하는 것이다. 이 방법도 향후 시장 상황이 큰 변동 없이 안정적일 경우에 유효한 방법이다.

③ 시장 변동률 적용 책정방법

판매촉진 활동을 매년 같은 형태와 정도로 수행한다는 전제를 바탕으로 전월 또는 전년 등 직전의 판매촉진 예산에 향후 시장 변동률만큼을 반영하여 판매촉진 예산을 책정하는 방법이다. 이 방법은 경쟁사 비교 책정방법과 유사하게 공격적인 촉진 활동을 통하여 매출액을 증대시키고자 하기보다는 현재 상황을 유지하고자 하는 경우에 유효한 방법이다.

④ 업무기준 책정방법

판매촉진 목표의 달성을 위해 수립된 판매촉진 전략 및 전술이 충분히 효과가 있을 것이라는 것을 전제로 하여 기업의 전체 촉진 활동 중 판매촉진 활동의 비중을 기준으로 판매촉진 예산을 책정하는 방법이다. 이는 합리적인 방법일 수는 있으나 시장 상황에 따라 목표 설정도 다르고 전개하고자 하는 판매촉진 활동의 방법들이 다를 수 있으며, 수립된 판매촉진 전략이 충분하고 유효한 것인지를 알 수 없는 경우에는 치명적인 실수로 연결될 수 있다. 따라서 업무기준 책정방법이 유효하기 위해서는 우선 판매촉진의 달성하고자 하는 목표와 전개하고 하는 전략이 합당한지에 대한 검토가 필요하다.

⑤ 가용예산 설정 방법

기업이 설정한 전체 마케팅 예산 중 판매촉진 활동에 이용할 수 있는 예산을 찾아내어 판매촉진 예산으로 책정하는 방법이다. 이 방법은 가용예산만큼만 예산으로 설정하는 소극적이고 보수적인 형태로서 향후 시장 상황에 대한 판단이 매우 어려운 도입기 상품의 경우에 유효하다고 할 수 있다.

다음은 과거의 판매촉진 활동에 대한 분석 데이터를 바탕으로 예산을 책정하는 방법이 있다. 이 방법은 판매촉진 활동을 정규적으로 많이 이용하는 기업들에서 주로 이용하는 것으로서 과거 판매촉진 활동의 성과와 소요된 비용 간 관계를 분석하여 적정 예산을 산출한다. 이를 구체적으로 설명하면 이 방법은 과거 자료를 통해 판매촉진 활동의 성과 정도에 따라 소요된 비용을 알 수 있기 때문에 계획하는 판매촉진 활동성과의 목표 정도에 맞는 예산을 책정할 수 있다.

| 판매촉진 수행예산의 산출 | 책정된 판매촉진 예산을 계획된 판매촉진 활동별로 소요비용을 배분하여 수행예산을 구체적으로 산출하여야 한다. |

판매촉진의 수행예산을 구성하는 비용항목은 〈표 8〉과 같이 전개하고자 하는 판매촉진 활동의 방법들에 소요되는 비용과 판매촉진에 대한 커뮤니케이션 활동에 소요되는 비용으로 크게 구분된다.

〈표 8〉 판매촉진 활동별 수행예산의 산출(예)

구 분	판매촉진 수단		활용 정도	소요비용 (만원)
소비자 판매촉진 활동	대매출 이벤트	100개 유통점	7일	20,000
	보너스 팩	유통점 당 1,000개	100,000개	2,000
유통점 판매촉진 활동	판매점 촉진 지원	상품 수량 지원 (유통점 당 20개)	2,000개	2,000
	스피프스 (판매원 지원금)	유통점 당 1일 50,000원 지원	7일	3,500
커뮤니케이션 활동	광고 또는 홍보	이메일 또는 SNS	4일	3,000
	행거 포스터	유통점 당 1개	100개	300
	팸플릿/ 리프렛	유통점 당 300장	30,000개	500

☞ 〈보너스 TIP〉판매촉진 성과의 평가

판매촉진 성과의 평가는 계획에 따라 전개한 판매촉진 활동의 성과가 설정한 판매촉진의 목표 및 기본과제 등을 어느 정도 달성하였는지를 평가하는 것으로서 기획단계에서 미리 마련할 필요가 있다. 일반적으로 판매촉진의 성과는 다음과 같은 4가지 측면에서 평가한다.

○ 판매촉진 목표 및 기본과제의 달성 상황
○ 판매촉진 전개 수단의 유효성
○ 커뮤니케이션 매체의 효과
○ 판매촉진 활동 관여자의 평가

판매촉진 성과의 평가는 판매촉진 기획과 수행의 전체적인 효과성 및 효율성에 대한 평가뿐만 아니라 성공이나 실패 요인에 대한 규명을 통해 향후 판매촉진 기획 및 수행에 반영되어야 한다. 이는 명품브랜드의 이미지를 추구하는 기업의 경우를 제외하고 보통의 기업들은 판매촉진을 매출증대, 재고관리 등을 위해 다른 촉진수단들에 비해서 수시로 수행하기 때문에 성공이나 실패 요인을 규명하여 향후 판매촉진 활동의 기획 및 수행에 반영함으로써 시행착오를 최대한 줄일 수 있기 때문이다.

■■■ 참고문헌

김희진(2004), 『세일즈 프로모션』, 커뮤니케이션북스.
송용섭·김형순(1999), 『New 마케팅』, 문영사.
정어지루·김화동 외(2009), 『신마케팅』, 목원대학교 출판부.
정해동·박기철(2001), 『광고보다 빠른 세일즈 프로모션』, 커뮤니케이션북스.
홍장선(2014), 『세일즈 프로모션 방안』, 커뮤니케이션북스.
현대경제연구소(2007), 『세일즈 프로모션 기획』, 승산서관.

경품류 제공에 관한 불공정거래행위의
유형 및 기준 지정 고시

경품류 제공에 관한 불공정거래행위의 유형 및 기준 지정 고시

1982. 3. 19. 경제기획원 제정 고시 제56호 이후, 2012. 10. 31. 공정거래위원회 13차 개정 고시 제2012-65호

제1장 총칙

제1조【목적】 이 고시는 「독점규제 및 공정거래에 관한 법률 제23조」(불공정거래행위의 금지) 제1항 제3호 전단에 규정하는 "부당하게 경쟁자의 고객을 자기와 거래하도록 유인하는 행위"에 해당되어 금지되는 불공정거래행위의 유형 및 기준을 정함을 목적으로 한다.

제2조【경품류의 정의】 이 고시에서 경품류라 함은 사업자가 자기 또는 자기와 거래 관계에 있는 다른 사업자의 상품이나 용역의 거래에 부수하여 일반 소비자에게 제공하는 경제상의 이익을 말한다.

제3조【경품류의 종류】 이 고시에서 정하는 경품류의 종류는 다음 각호와 같다.
1. 삭제
2. 소비자 현상 경품류(사업자가 상품이나 용역의 거래에 부수하여 현상의 방법으로 일반 소비자에게 제공하는 경품류를 말한다.)
3. 삭제

제4조【경제상 이익】① 제2조(경품류의 정의)에서 경제상 이익이라 함은 다음 각호의 1에 해당하는 것을 말한다.

1. 물품, 금전, 할인권, 상품권 기타 유가증권
2. 연예, 영화, 운동경기 또는 여행 등에의 초대권
3. 편익 등의 용역
4. 기타 고객을 유인하는 수단으로 인정되는 경제상의 이익

　② 제1항의 경제상 이익에는 사업자가 특별한 비용을 들이지 아니하고 제공할 수 있는 물품이나 시판되고 있지 아니하는 물품 등이라도 일반소비자가 통상 대가를 지급하지 아니하고 취득할 수 없는 것이라고 인정되는 경우를 포함한다.

　③ 다음 각호의 1에 해당하는 경우에는 제1항 및 제2항의 경제상 이익에서 제외한다.

　　1. 사회 통념상 정상적인 상관행으로 인정되는 대가의 감액, 인하 또는 수취한 대가의 일부 반환
　　2. 사회 통념상 정상적인 상관행으로 인정되는 애프터서비스
　　3. 사회 통념상 정상적인 상관행으로 인정되는 거래상대방의 노고에 대한 보수
　　4. 상품의 판매 또는 사용이나 용역의 제공에 부수적으로 필요한 물품 또는 용역을 제공하는 경우로서 사회 통념상 정상적인 상관행으로 인정되는 경우
　　5. 2 이상의 상품을 함께 판매하는 것이 상관행으로 되어 있기 때문에 그중 하나를 무료로 제공

받았다고 인식하지 아니하는 경우

6. 2 이상의 상품에 각각 판매가격이 표시되어 있고 거래상대방이 희망하면 그중 하나만을 구입할 수 있는 경우

7. 기타 당해 상품이나 용역의 성질 또는 내용 등에 비추어 사회 통념상 정상적인 상관행으로 인정되는 경우

제5조【거래의 범위】이 고시에서 상품이나 용역의 거래라 함은 상품이나 용역이 생산되어 최종수요자에게 이를 때까지의 모든 유통단계에서의 거래를 말하며 이에는 판매·임대·교환·예금의 수취·신용의 공여·신용카드 이용자의 모집 등이 포함된다.

제6조【현상의 정의】① 이 고시에서 현상이라 함은 추첨 기타 우연성을 이용하는 방법 또는 특정 행위의 우열이나 정오에 의하는 방법으로 경품류의 제공 상대방이나 제공하는 경품류의 가액을 정하는 것을 말한다.

② 제1항에서 추첨 기타 우연성을 이용하는 방법이라 함은 다음 각호의 1에 해당하는 경우를 말한다.

1. 추첨권을 사용하는 방법

2. 영수증, 상품의 용기·포장 등을 이용하여 추첨을 행하는 방법

3. 상품의 일부에만 경품류 또는 당첨권을 넣은 후 구입자가 어느 상품에 경품류 또는 당첨권이 들어

있는지 알지 못하게 하는 경우

4. 모든 상품에 경품류 또는 당첨권을 넣되 경품류 또는 당첨권의 가액에 차등이 있고 구입자가 그 경품류 또는 당첨권의 가액을 알 수 없게 하는 방법

5. 자연현상 기타 미래에 발생될 사건을 대상으로 일정한 조건을 설정하고, 설정된 조건이 이루어지는 경우에 약정된 경품을 거래상대방 모두 또는 일부에게 제공하는 방법

③ 제1항에서 특정 행위 우열이나 정오에 의하는 방법이라 함은 다음 각호의 1에 해당하는 경우를 말한다.

1. 응모 시에 일시적으로 명백하지 아니한 사항에 대한 예상을 모집하여 그 회답의 우열 또는 정오에 의하는 방법

2. 사업자 또는 상품에 관한 정보 · 지식 기타 취미 · 오락 · 교양 등에 관한 문제의 회답을 모집하여 그 회답의 우열 또는 정오에 의하는 방법

3. 경기 · 연기 · 유기 등의 우열에 의하는 방법

④ 이 고시에서 소비자 현상이라 함은 다음 각호의 방법에 의하는 것을 포함한다.

1. 상품의 용기 · 포장 등에 응모권을 넣는 방법

2. 상품의 용기 · 포장에 출제하는 방법

3. 상품을 구입함으로써 해답이 용이해지는 문제를 광고 등으로 출제하는 방법

4. 상품의 구입자를 대상으로 하여 경기 · 연기 등 특정 행위에 의하는 방법

제2장 부당한 경품류 제공행위의 유형 및 기준

제7조【소비자 경품류의 부당한 제공행위】 〈삭제〉

제8조【소비자 현상 경품류의 부당한 제공행위】① 사업자가 소비자 현상경품으로 제공하는 경품 가액의 합계액이 경품부 상품 또는 용역의 예상 매출액의 3%를 초과하거나 소비자 현상 경품류의 가액이 2,000만 원을 초과하는 소비자 현상 경품류를 제공하거나, 제공할 것을 제의하는 경우에는 부당한 경품류 제공행위에 해당한다. 다만 사업자가 소비자 현상경품으로 제공하는 경품 가액의 합계액이 3,000만 원 이하의 경우에는 경품부 상품 또는 용역의 예상 매출액의 3%를 초과하여도 이를 부당한 경품류 제공행위로 보지 아니한다.

② 제1항의 규정에도 불구하고 정기간행물출판업, 경기 후원업 및 방송법(TV 홈쇼핑업 제외)을 영위하는 사업자의 경우에는 경품부 상품 또는 용역의 예상 매출액의 5% 이내로 한다.

③ 제1항과 제2항의 예상 매출액은 다음 각호의 방법에 의하여 산정한다. 다만, 매출액이 전년 동기 대비 30% 이상 현저히 변경되거나 전년도 매출액이 없는 경우에는 경품류 제공 예정 기간의 개시일이 속한 달 전월의 마지막 날까지의 당해연도 매출액을 연간매출액으로 환산하여 그 금액을 기준으로 한다.

1. 경기 후원업 및 방송업을 제외한 기타사업

   예상 매출액=경품부 상품 또는 용역의 전년도 총

매출액 × 경품제공 예정일수/365

2. 경기 후원업 및 방송업

예상 매출액=경품부 상품 또는 용역의 전년도 총 매출액 × 경품제공 예정일수/연간용역제공일수

3. 경품이 특정 소비자만을 대상으로 제공되거나 특정 점포에서만 제공되는 경우 예상 매출액의 산정은 그 특정 소비자로부터 발생하는 예상 매출액 또는 그 특정 점포의 예상 매출액을 기준으로 한다.

4. 자기와 거래 관계에 있는 다른 사업자의 거래에 부수하여 경품을 제공하는 경우의 예상 매출액은 자기와 그 다른 사업자와의 거래액으로 한다.

④ 다음 각호에 정한 당해 경품행사의 구체적인 내용이 포함되지 않은 표시·광고 행위는 불공정한 행위로 본다.

1. 경품제공 행사 기간

2. 경품제공조건 및 경품의 내용 등

⑤ 창업, 개업행사 또는 신규 사업 분야 진출 등에 따른 신상품 발매 행사 시에 제공하는 소비자 현상 경품류에 대해서는 창업일, 개업일 또는 신상품발매일로부터 3개월간은 제1항 전단의 규정을 적용하지 아니한다.

⑥ 사업자가 현상의 방법으로 일반 소비자에게 경품류 제공행위를 하면서 자기의 상품 또는 용역을 구입한 소비자에 비하여 이를 구입하지 아니한 소비자를 응모방법 또는 응모횟수 등에서 불리하게 차별하는 경우 당해 사업자의 경품류 제공행위는 소비자 현상 경품류 제공행위로 본다.

제9조【경품류의 제공회수 및 기간】〈삭제〉

제10조【경품류 가액의 산정】① 〈삭제〉

　　② 경품류 가액의 산정은 소비자의 입장에서 얻게 되는 경제상의 이익을 기준으로 한다. 다만, 해당 경제상의 이익의 산정이 객관적으로 곤란한 경우, 다음 각호의 방법에 의한다.

　　　1. 경품류 제공사업자가 직접 제조한 경품류의 경우에는 그 제조가격에 25%를 가산한 금액, 다른 사업자로부터 구입한 경품류는 그 구입 가격에 25%를 가산한 금액을 각각 경품류 가액으로 한다. 다만, 현금 또는 상품권의 경우에는 그 액면 가액, 할인권의 경우는 할인된 금액을 각각 경품류 가액으로 한다.

　　　2. 2 이상의 경품류를 제공하는 경우에는 각각의 경품류 가액의 합계액을 기준으로 한다.

　　　3. 경품류 제공사업자가 경품류를 무료로 취득하는 경우 에는 경품류 제공사업자에게 그 경품류를 무료로 제공한 자를 기준으로 제1호 또는 제2호에 따라 경품류 가액을 산정한다.

　　③ 〈삭제〉

제11조【소비자 현상 경품류 제공 기간의 산정기준】〈삭제〉

제3장 보칙

제12조【적용배제】 연간매출액이 200억 원 미만인 제조업자 또는 연간매출액이 20억 원 미만인 기타사업자가 제공하는 경품류에 대해서는 이 고시를 적용하지 아니한다. 다만, 제14조(특정한 소비자 현상경품의 제공금지)의 규정에 대해서는 그러하지 아니한다.

제13조【경품류의 제공 금지대상 행위】 〈삭제〉

제14조【특정한 소비자 현상경품의 제공금지】 2 이상 또는 2회 이상 상품이나 용역을 구입하여야만 문자·회화·부호 및 카드 등의 특정 조합을 제시할 수 있도록 하는 방법에 의한 소비자 현상 경품류의 제공은 제8조(소비자 현상 경품류의 부당한 제공행위)의 규정에 불구하고 이를 행하여서는 아니된다.

제15조【기간 등의 산정기준】 이 고시에서 기간의 계산은 역년을 기준으로 산정한다.

제16조【타 법과의 관계】 사업자가 현상에 의하여 경품류를 제공하고자 하는 경우에 그 현상 내용이 사행심을 유발할 우려가 있는 시설 또는 방법에 의하여 영리를 도모코자 하는 행위인 때에는 『사행 행위 등 규제법』의 적용을 받는다.

제17조【대리점 등의 경품류 제공행위】① 다른 사업자의 상품이나 용역을 판매하는 대리점 등의 경품류 제공행위는 해당 대리점 등에 상품이나 용역을 공급하는 사업자가 대리점 등의 경품류 제공행위에 직·간접적으로 관여한 경우 당해 사업자의 경품류 제공행위로 본다.

② 제1항의 "사업자가 대리점 등의 경품류 제공행위에 직·간접적으로 관여한 경우"라 함은 다음 각호의 경우를 말한다.

1. 대리점 등에 대하여 경품행사의 시행, 행사의 내용이나 방법 등을 통지하거나 대리점 등에 경품류의 공급가격을 협의하는 등의 방법으로 관여하는 경우

2. 대리점 등의 경품행사 기간 중 대리점 등에 지급하는 수수료가 경품행사 전에 비하여 과다하거나 새로운 항목의 수수료를 만들어 지급하는 경우 또는 대리점 등으로부터 받는 각종 비용을 감액하거나 대리점 등에 공급하는 상품이나 용역의 공급가격을 낮추는 등의 방법으로 대리점 등을 지원하는 경우

3. 기타 제반 정황으로 보아 대리점 등의 경품류 제공행위에 관여했다고 인정할 만한 상당한 이유가 있는 경우

③ 이 조의 "대리점"에는 「가맹사업거래의 공정화에 관한 법률」 제2조 제3호의 "가맹점 사업자"를 포함하고, "사업자"에는 같은 법률 제2조 제2호의 "가맹본부"를 포함한다.

제18조 (규제의 검토) 공정거래위원회는 이 고시에 대하여 2012년 12월 31일 기준으로 3년마다 그 타당성을 재검토하여야 한다.

부칙 〈1997.5.27〉
제1조【시행일】이 고시는 1997년 6월 1일부터 시행한다.

제2조【경과조치】이 고시는 시행 전에 이루어진 행위에 대하여는 경품류 제공에 관한 불공정거래행위의 유형 및 기준 지정 고시(공정거래위원회 고시 제1995-1호)의 규정을 적용한다.

부칙 〈1998.12.12〉
제1조【시행일】이 고시는 1999년 1월 1일부터 시행한다.

제2조【경과조치】이 고시는 시행 전에 이루어진 행위에 대하여는 경품류 제공에 관한 불공정거래행위의 유형 및 기준 지정 고시(공정거래위원회 고시 제1997-24호)의 규정을 적용한다.

부칙 〈2000.4.25〉
제1조【시행일】이 고시는 2000년 9월 1일부터 시행한다.

제2조【경과조치】이 고시는 시행 전에 이루어진 행위에 대하여는 종전의 경품류 제공에 관한 불공정거래행위의 유형 및 기준 지정 고시(공정거래위원회 고시 제1998-11호)의 규정을 적용한다.

부칙 〈2001.11.9〉

제1조【시행일】이 고시는 2002년 1월 1일부터 시행한다.

제2조【경과조치】이 고시는 시행 전에 종료된 거래에 부수하여 행하여진 경품류 제공행위에 대해서는 종전의 경품류 제공에 관한 불공정거래행위의 유형 및 기준 지정 고시(공정거래위원회 고시 제2000-3호)의 규정을 적용한다.

부칙 〈2004.1.14〉

제1조【시행일】이 고시는 2004년 4월 1일부터 시행한다.

제2조【경과조치】이 고시는 시행 전에 종료된 거래에 부수하여 행하여진 경품류 제공행위에 대해서는 종전의 경품류 제공에 관한 불공정거래행위의 유형 및 기준 지정 고시(공정거래위원회 고시 제2001-15호)의 규정을 적용한다.

부칙 〈2005.7.1〉

제1조【시행일】이 고시는 2005년 7월 1일부터 시행한다.

제2조【경과조치】이 고시는 시행 전에 종료된 거래에 부수하여 행하여진 경품류 제공행위에 대해서는 종전의 경품류 제공에 관한 불공정거래행위의 유형 및 기준 지정 고시(공정거래위원회 고시 제2004-2호)의 규정을 적용한다.

제3조【유효기간】 제7조(소비자 경품류의 부당한 제공행위) 제2

항 개정규정의 유효기간은 그 시행일부터 3년으로 한다.

부칙 〈2007.12.31〉
제1조【시행일】이 고시는 2008년 1월 1일부터 시행한다.

제2조【경과조치】이 고시는 시행 전에 종료된 거래에 부수하여 행하여진 경품류 제공행위에 대해서는 종전의 경품류 제공에 관한 불공정거래행위의 유형 및 기준 지정 고시(공정거래위원회 고시 제2005 -11호)의 규정을 적용한다.

부칙 〈2009.7.1〉
제1조【시행일】이 고시는 2009년 7월 1일부터 시행한다.

제2조【경과조치】「독점규제 및 공정거래에 관한 법률」 제29조 제2항에 따라 재판매가격유지행위가 허용되는 간행물(실용도서와 학습참고서Ⅱ를 제외한 발행일로부터 18개월 이내의 모든 간행물)의 거래에 부수한 경품류에 대해서는 2010년 6월 30일까지 종전의 경품류 제공에 관한 불공정거래행위의 유형 및 기준 지정 고시(공정거래위원회 고시 제2007-16호)의 규정을 적용한다.

부칙 〈2012.10.31〉
제1조【시행일】이 규정은 고시한 날부터 시행한다.

김화동

중앙대학교 경영학과에서 학부를 졸업하고 동 대학원 석·박사학위(마케팅 전공)를 취득하였다. 현재는 목원대학교 사회과학대학 광고홍보커뮤니케이션학부 교수로 19년간 재직하고 있다.

과거 광고대행사와 마케팅컨설팅 회사에서 근무하였고, 이를 바탕으로 지금은 여러 정부 부처들의 홍보 및 프로모션 관련 협의회 위원 및 심사위원으로 활동하고 있다.

저서로는 『新 마케팅』과 『이해하기 쉬운 문화콘텐츠 기획』을 비롯하여 광고 홍보 및 프로모션 관련 다수의 연구 논문들이 있다.

∎ E-mail: hdkim@mokwon.ac.kr

전략적
접근의
판매촉진
기획

초판인쇄 2021년 5월 28일
초판발행 2021년 5월 28일

지은이 김화동
펴낸이 채종준
펴낸곳 한국학술정보㈜
주소 경기도 파주시 회동길 230(문발동)
전화 031) 908-3181(대표)
팩스 031) 908-3189
홈페이지 http://ebook.kstudy.com
전자우편 출판사업부 publish@kstudy.com
등록 제일산-115호(2000. 6. 19)

ISBN 979-11-6603-434-3 93320